歸程

聖嚴法師◎著

自序

我自幼瘦弱多病，經歷十來年的困頓折磨，仍能以未老的身心，回到僧團，其間談不上任何成就，只能藉以說明眾生的業力，強大無比，該受的果報，總是無法逃避，所以我也勇於面對現實，承受下來。

但是佛法所說的造業與受報，絕非宿命論或定命論。前世造下的善惡業因，今生應當受到苦樂的果報。然而，若不出離生死，業因永無休止；前世造業，今生也照樣地造業，前世的業因加上今生的業因，才是當下所受的果報；所以，今生的努力向善，不但可以達成臨終生天或往生淨土的目的，更可以改善現世的環境，乃至即身親證解脫。因此，我對於自己的處境和前途，從來不會感到悲觀和失望，迎接挫折，奮力向上，是我不變的原則。

為了這點毅力和信念的獲得，我要感恩崇高無上的佛、法、僧三寶，也要感恩平凡中顯出偉大襟懷的父母雙親。這是我寫作本書的目的。

本書初稿近二十萬言，部分曾由《慈明月刊》發表，後經三度改寫，縮短了一半，又補充了三分之一，但仍覺得不如理想，待到晚年有機會續寫之時再做修訂罷！在此，我要謝謝開元寺佛經流通處的出版，和方行仁先生的題字。

佛元二五一二年元月序於朝元寺關房

目錄

第一章　我的童年

滄海桑田

我的出身，非常貧賤，我的歸程，憂患重重；雖然波波折折，但也平淡無奇，所以自覺沒有什麼了不起的地方。

我是民國十九年（西元一九三〇年）農曆十二月出生的，照我國舊式的算法，到今（一九六七）年為止，我已是三十八歲的人了。

我的記憶力不強，過去的事記得的不多，尤其是發生事故的年、月、日、時以及人名、地點，更不容易牢記在心，因為我從未想到替自己寫下自傳的事；加上我的文才不高，文筆並不優美，有許多心裡感受很深的事，寫在紙上，卻已大大地減輕了實際的分量。

但我能夠活到現在，尤其在入山靜居之後，對於前塵夢影，往往縈迴腦際，一幕一幕地放映出來，而且揮之不去。對我自己來說，那是既有歡樂也有血淚的往事。我對那些似乎模糊而又清晰的往事，並不留戀，因為，正如曹孟德所說：「譬如朝露，去日苦多！」

可是，我有許多的恩人，也有許多的感觸，所以利用課餘，寫下了我的「歸程」，表示我對那些恩人的懷念，也說出我對生長的時代和際遇的感受。

我的出生地，是在江蘇南通狼山前面的小娘港附近。據說，我的祖先是從長江三角洲的崇明島上搬到南通去的，那是為了一次很大的水災；所以，我家的族人，多還保持著崇明島的口音。再向上推，究竟又從何處遷移到崇明去的，我是不得而知；我只知道我的父親叫張選才，我的母親姓陳，兒時曾問過她的名字，她說她叫「媽媽」。至於祖父母以及外祖父母的名字，我也不得而知。

當然，我家的祖祠裡是有族譜的，但我當時的年紀太小，所以也從未見過。

如果要查考姓張的譜系，可以一直追根到黃帝的時代，那是軒轅黃帝對他第五個兒子揮的賜姓，《廣韻》有這樣的記載：「軒轅第五子揮，始造弦，實張網羅，世掌其職，後因氏焉。」但到後來，張氏一姓，成了中國的望族，從歷史上看張姓人物的地域分布，幾乎遍及全國，從魏晉至唐朝的時候，張姓的望門，大約就是在江蘇省內，比如晉代的張翰、唐代的張旭及張璪，都是吳人，如果要厚著臉皮拉關係的話，我這個晚代張，恐怕就是那幾位老張的後代。不過，張氏的門族非常繁複，據《張氏譜圖》中說，共有四十三望；我這一張，也不知道是四十三個望族中的哪一個望族的分支了。

我對我的族系，一無所知，我對我的出生地，也是了無印象。因為，當我出生不久的第二年，便是民國二十年（西元一九三一年）的長江空前大水災，把我家沖洗得一乾二淨。同時，我家靠近長江邊沿，又是塌沙地帶，長江的後浪推前浪，一浪接住一浪，捲向了江邊，捲走了土地，每一排的浪花裡面，都像是掩藏著一架巨大的挖土機；江邊的沙土，見到了浪花，就像是迷途的孩子看到了娘，笑咧著嘴，軟綿綿地、毫不猶豫地投進了浪的懷抱；最奇怪的是雖在風平浪靜的時候，塌沙的地段，還是在塌，原來，江水經過該地，已成了一股巨大的漩流，從水底的根腳下啃起，啃走了根腳，表層的自然下塌，而且比起風浪的威力更具危險性。據父母後來告訴我，塌得最起勁的時候，一天一夜，可以啃掉半華里！終於，也啃光了我家的家園與土地。我在民國三十二年（西元一九四三年）到狼山出家的時候，我的出生地，已經快近長江的江心了。

長江，是在北塌南長，江北塌去了，江南新生了，在狼山隔江的對面，年年都有新生地出水。我家也就在民國二十年（西元一九三一年）的下半年，搬到了江南的常熟縣。但當我出家的那年，我那江南的家，已經離開長江二十多里路了；所謂「滄海桑田，桑田滄海」，對於我家是太親切了。

水災

江南新生地，在南通對面的，叫作長陰沙，靠近南通天生港對面的好幾個鄉，雖在江南，仍屬南通縣治，狼山對面的福山附近，則屬常熟縣治，我家坐落的扶海鄉便是常熟縣境，我家的鄰居有說崇明話的，有說南通話的，更有說常熟話的，我的伯父搬到江南較早，所以我的幾位堂兄和堂姊，已是滿口的常熟口音，我總算有幸，三種話都能說。

說起來，南通和常熟，兩個都是江蘇省的好地方，用「人文薈萃」來形容它，絕不為過。就以清朝的人物來說，佛教裡面，南通出有三峰派的大師繼起弘儲，常熟出有淨土宗的大師省庵實賢。有清一代，全國一共出了一百一十四個狀元，以省計算，江蘇占第一位，共四十九人，以縣計算，常熟占全國第二位（第一位是吳縣），共六人，那便是孫承恩、歸允肅、汪繹、汪應銓、翁同龢、翁曾源；南通也出了兩位，一是胡長齡、二是張謇（季直，他的祖籍也是常熟）。翁同龢是清朝十四位入閣登宰輔的狀元之一，張季直在清末民初對地方建設的近代化方面，貢獻尤其卓越。只是我這個薄福的人，出生之後，便在憂患之中掙扎，似未沾到地利的光。

江南的新生地，雖然肥沃，雖然使得許多的人家翻了身發了財，但在開發新生地的最初幾年，並不是理想中的樂園。每年到了夏秋之際，看到天色變了，雨下大了，風勢緊了，大家都會發愁心焦；說不定在深更半夜，當你正是好夢方酣的時候，長江的水，竟像是剛剛啟口的啤酒瓶，肆無忌憚地急劇上升，沖潰了江邊的土圩，漫過了江邊的土圩，真像有一條怒吼的龍，挾著排山的威勢，一圩一圩地衝了進去，最厲害的一年，竟然連續擊潰了五、六道土堤；堤裡的人家，除非提前遷出，否則，當你剛剛聽到值夜人的鑼聲之時，嘩嘩叫的江水，已像山一樣地壓上了你家的大門，這時候，如果動作快些，還可以攀著梯子，打開屋頂，翻上屋脊，或有一線活命的希望，否則的話，只有死路一條。

我家到了江南，總算幸運，沒有碰到這樣的災難。但當我八歲的那一年，我家已經離江很遠了，我卻親眼見到了這種水災的情景，那是在災後的第二天，風歇了，雨止了，父親拿了一些可吃的東西，帶我去災區慰問我的二姨，二姨的家，雖只一堤之差，險險地倖免於難，她家在堤外的耕地，卻在渾濁濁的江水中，受了三、五天的「洗禮」。

那次的災區訪問，使我怵目驚心，以後一連好幾夜，都還在夢中驚醒。

水，進來以後，過了好幾天，才慢慢地外退，許多人家的房子，僅僅留下了屋頂在游移漂浮，在許多漂浮物上，偶然還可以看到隻把已餓得半死的狗子或貓兒。男人、女人、小孩的屍體，也是漂浮物的一類；那些把衣服都掙扎光了的浮屍，已經開始在膨脹腐臭。男屍的面部朝下，整個的身體變成了弓形，只有背部的皮肉露出水面。可能是腹部脂肪較多的緣故，女屍的肚子，幾乎是一律朝上，頭往後仰，腳向下垂，成了與男屍恰巧相反狀態的弓形，散開的長髮，隨著屍體，幽幽地漂蕩；你曾見過城隍廟裡的壁畫嗎？那些罪人，上刀山下油鍋，陰森、恐怖，彷彿是這樣的鏡頭，所差的是沒有猙獰的獄卒而已。兒童的屍體，像是中了炸藥的河豚魚，鼓起了小肚子，漂來浮去，偶然還可發現幾隻劫後餘生的鴨子，正在無所顧忌地啄食著童屍的眼珠！至於死貓、死狗、死豬、死羊、死雞、死鴨等浮屍，那是更不用說了。所以在熾熱的太陽蒸發下，一股一股的腥臭惡氣，向我們撲襲而來。生命危脆如此，使我驚懼不已。

許多的人，都趕到了災區，我的二姨家裡，住滿了災民；堤上，到處都是剛從水裡撈上來的東西。災民以及災民的親友，都在哭腫了眼睛的情態下工作，木筏、竹排、小舢舨，裡裡外外地划著；紅卍字會，也去了許多人，帶去了大批的衣服食品，那些無人處理善後的浮屍，也就成了他們慈善機構無可旁貸的責任。

我始終不敢請問父母，民國二十年（西元一九三一年）的大水災，是不是也跟這個情景一樣，如果是的話，我家怎麼沒有淹死半個人？要不然，我家怎會又是如此地窮？

大概是水災的性質不同罷！

我是家裡最小的一個，有三個哥哥、兩個姊姊，聽說還有一個姊姊在襁褓中就死了。父親肖牛，母親肖鼠，我肖馬；生我的時候，母親已是四十二歲，父親也有四十一歲了。因為我的家族先後遭了兩次水難，經過兩度遷移，祖上就很貧賤，父母都是文盲，兄姊之中，只有二哥讀過私塾，所以我也攀不上書香門第的淵源。

我出生時，母親已經老了，窮苦人家的多產女人衰老得早，在我的記憶中，一開始，母親就是一個小腳老太婆了。加上流離顛沛，營養不良，我在兩、三個月大時，就斷了奶，以後是用糖水、米漿餵活的。

據我母親說，我生下時，非常瘦小，比一隻小貓大不了多少，好多人見了，都說那是一隻老鼠，不會養得「家」的。因此，父母給我取了一個乳名，叫作「保康」。

我家一共大小八口人，僅僅耕種著七畝的租田及三畝三七分的分田。到了農閒季節，父兄出外做苦力，母親料理家務，並且紡紗織布。父親是一個道地的老實人；母親很能幹、很精明、很仁慈，除了不能推車挑擔，幾乎樣樣都會，她能夠把一朵棉花穿戴上身：彈、紡、織、裁、縫，她在鄉間，可以算得是全才的女人了。所以，全家不怕父親，倒是怕母親。

求學的生活

我生而病弱，六歲時才能出門外和童伴們玩，所以，直到九歲的時候，我才開始讀書。我的第一位老師，是個半新半舊的青年，他姓袁，讀過中學，但所教的卻是私塾。有三、四十個毛孩子，借人家的一間房子教書；他隨各家長的意思，可以讀古書，也可以讀新的小學教科書，但他只教國文，不教別的。不過，私塾的老師不稱老師而叫先生。

「上大人，孔乙己，化三千，七十士。」這是我第一天的功課，照著先生寫的紅字，在上面描。從此，我已是喝墨水的念書人了。

說到喝墨水，現在還想笑。鄉下的土孩子，哪個不會罵人？先生偏偏不許罵人，在嘴上圈一圈黑墨圈，便是先生對付罵人學生的傑作，幾乎每天都有個把孩子嘴巴被圈得黑咚咚地，如果流了鼻涕出了汗，再用衣袖一擦一揉，你看罷，活像是一張牛的屁股。

私塾的生活，除了放學回家，整天都是上課的時間。小孩子哪有不愛玩的？不知是哪一個發明的，毛廁是最理想的運動場，川流不息地，都有人去上毛廁，在那裡吹牛、比武。不久，這個祕密被先生發覺了，便做了一塊寫著「上廁所」三個字的牌子，只准一個一個地拿了牌子輪流著去，並且要高喊一聲「懶牛懶馬屎尿多」！

我在那裡讀了一年，讀的是小學二年級的兩冊國文，為何要從二年級讀起，我也不知道，也許看我已是九歲的緣故罷？另外，我還讀完了《百家姓》和《神童詩》。一年以後，我識了好多字，但卻不知道那些字的意思是什麼。

從九歲開始，我也有了學名，叫作張志德，那個名字，一直用了五年多，到我出家以後，就終止了。

十歲那年，我換了一位姓毛的老先生，他很能幹，教書、相命、看地、種牛痘，簡直是個鄉下的萬能博士，但他只教古書，不教新式的教科書。在那裡我也念了一年，《千字文》、《千家詩》、《大學》、《中庸》，就是那一年的成績。因他自己太忙，教書並不講解，不懂教授方法，也不了解兒童心理，所以，我很討厭學堂。我也常常逃學，早上把書包一背，就跟拾狗屎或刈豬草的野孩子們，找一個好玩的所在去玩了，中午回家吃飯，吃飽了繼續去玩，或者先到學堂去一趟，再向先生說一聲：「家裡有事，父母要我請假。」那位老先生，他也從不查究，我是多麼地開心。可是，有一次被我母親在路上撞到了，她知道這是怎麼一回事，以致氣得她老淚縱橫，雙手發抖。她說：「你爹用了血汗錢送你去讀書求上進，你竟是個下流肧；我家沒有一個讀書人，望你上天，你偏入地！」

我家在日本軍閥來到之後，的確太窮，記得有一次為了先生要我買一冊書，全家上下，湊了半天，也湊不出一冊書錢，我失望地哭了，全家的人，也因此流淚。又有一次為買一本習字簿，知道父母沒有錢，我就偷了二姊藏了好幾年的壓歲錢，結果被二姊發現，我被母親毒打了一頓，打完之後，母親、二姊與我，三人又抱在一起，哭了一場！

我到十一歲時，又換了一位姓陸的老先生，他的本領，跟毛老先生差不多，不過，他還會出診看病。他對學生管得很嚴，教得也很認真，我在那裡只讀了半年，就讀完了一部《論語》，另加半部《孟子》。

這位老先生，很講求尊師重道，純粹是個老夫子的風範，當我第一天入學，他要我向他叩頭。背書也很嚴格，每天要背生書，隔一天就要背熟書，並且要將全部教過的逐本逐節背完，稱為「通書」。有的大些的學生，每逢通書，總是捧著厚厚的一疊書到先生面前去，一背就是老半天，如果打愣背不過，毛栗子就要上頭了，生書背不出，就要挨手心了。學生多，上午背不完，下午再背，反正整天的時間，只有背書與教書，沒有別的科目。學生程度不一，各背各的，各教各的，也各念各的。那半年中我進步很多，沒有逃過學，關於書的內容，雖然仍未講解，但已背得很熟，直到現在，尚能取來運用者，也是那時的一點基礎。可惜當時的時局很亂，日軍時常下鄉掃蕩游擊隊，常常聽到槍砲聲，我們也就常常放假。

十一歲的下半年，那位姓陸的老先生不教書了，我只好再換一位老師，是一位二十來歲的青年，他姓盛，初中畢業後，學了四年中醫，他在家裡剛開始行醫，並不太忙，便辦了一所私塾，因他自己是受的新式教育，所以採用的課本也是小學教科書，他新婚的太太也讀過初中，故對教學很認真，也懂教授法，除了國語，也教算術、勞作、珠算、作文與自然，他的太太也幫忙著教。這是一個新鮮的環境，使我懂了好多新鮮的事物。我對讀書真正發生興趣，可說是從此開始的。

在那一段時日之中，也使我留下了一個很大的遺憾。有一個跟我同年的女孩子，她叫范淑貞，長得很清秀、很活潑、很聰明，許多的男同學要找她玩，她都不睬人家，我不大喜歡說話，她卻偏要跟我在一起、坐在一起、玩在一起、做功課也在一起。她家是開糖果店的，每天都要帶一些水果糖，偷偷地送給我，許多同學嫉妒我，她也不在乎。但我不知怎麼搞的，當她害了一場大病，病瞎了一隻眼睛之後，同學們都不再理她了，我也受了大家的影響，不再跟她接近，終於她不來上學了！在她停學以後，我卻天天想念著，並對自己抱怨：我是一個如此沒有良心的人！

因為接觸到了新式的小學教育，我到第二年，十二歲時，便要求父母，送我去讀正式的小學了。最初因為我家離鎮太遠，只有鎮上才有小學，父母不放心，此時我已十二歲了，同時還有比我家離鎮更遠的小孩也去鎮上讀小學，於是我正式進了小學。

以我的國文程度，可以讀六年級，以我的知識水準，後來我是進了三年級，進去之後，除了國語課，樣樣傷腦筋，上到音樂課，簡直莫名其妙，女老師一邊彈風琴一邊教唱，我看著發給我的簡譜，只是一些阿拉伯數目字，為什麼老師唱的不是一二三四，而是我聽不懂的獨來米法呢？我問鄰座的同學，同學不告訴我，反而取笑我！由於我的身材瘦而且長，初進小學，事事陌生，同學們常常拿我開玩笑，有時候故意叫一聲「新生」，當我一回頭，大家拍手大笑，簡直就是欺侮新生。我想，那時的我，一定很土氣，穿一身青色粗布的短襖褲，又不太講話，所以同學們以為可笑。有一次還被鄰座的同學故意找麻煩，在我的臉上重重地打了一拳，眼中打出血來。結果他被老師罰了手心，我卻騙我母親，說是自己跌倒碰傷的。

又有一次，我自己也挨了十記手心。那是上了一個老生的當，他說我是膽小鬼，我是死也不承認；他要考驗我，要我在放學回家的時候，把路邊的一隻死人骨鐔用腳踢翻，好多其他的同學，要看我的好戲，也在旁邊燒火加油，教我不要孬種，要做英雄。我是真的照著他們的意思表演了；結果呢？紀念週時我站在全校師生的面前，做了狗熊！

上半年一學期終了，下半年便升到四年級。我已是老生了，學校的一切，我也很習慣了，同時我在三年級的期終考試，成績也很好，也不會有人欺侮我了。實際上我自己也學會了頑皮。

但是很不幸地，四年級剛讀了一學期，到了第二年，我的父母，因為年景不好，家境困難，便不讓我繼續讀書了，只是答允我家境稍微好轉時，一定再送我去讀書，這時我已十三歲了。

窮苦的家

當我十三歲那年的春天，農忙季節未來，大哥與二哥去了上海做工，大姊早已出了閣，父親與三哥便去長江邊上的新沙地上給大地主們挑泥築堤，開發江邊的新生地。我也跟著父兄去給他們做小工，用錘錘堤，使新堤彌縫，不留江水入侵的孔隙。每天清早趕著去，到了天黑趕回家，來往雙程，約有四十里。

農忙時，我學會了除草、踏水、割稻、拾棉花、種豆等等，自家田裡做完了，幫人家去做散工。當我見到仍在上學的孩子們，心裡總是難過！

總算很好，這一年的夏天，我家種了好幾畝的香瓜和西瓜，這年的夏天到秋天，我也幫著父兄去賣瓜，瓜的盈利很大，所以到了過年的時候，家境好轉起來。父母決心再送我去念書。

我已十四歲了，仍由四年級讀起。過去的同班同學，是五年級了，有幾個竟已跳升到六年級了。看著他們，我真不知是什麼味道。同時我這一個十四歲的大孩子，仍在四

童年種過的田

年級中，確有鶴立雞群之感，好在年齡可能是我最大，但個子還不算第一，尚能有些安慰。

我知道，我家的環境很窮，隨時都有輟學的可能，對於用功的意義，已經很能了解。所以我的成績很好，到這一學期終了，初小畢業後，也得了獎品，其中的獎品之一，便是進入高小後的所有課本——那是一張收據，到下學期報名時，便可憑據領書。然而，我把那份獎品放棄了，我沒有升入五年級，沒有再進過小學，我從此失學了！

在初小畢業之前，學校裡有一次遠足，並且要參加另一個小學的運動會，那是我難忘懷的一件事。學校規定大家一律穿白色洋布學生裝，自己做也好，向學校裡買也好。這件事我向父母念了兩個多月，父母最初說我家窮，買不起也做不起，後來見我念得久了，母親便答應用粗白布自己給我做，我當然不要粗白布。直到遠足的那天早晨，我還吵著要錢買衣服，那天父親不在家，母親沒有錢。因此，我失望了，母親也傷心得幾乎流淚，她對我說：「孩子，我們做爹娘的對不起你，使你見不得老師和同學，但這幾天，家裡連買鹽的錢都沒有了，哪還有錢給你買學生裝。你爹也很難過，所以一早就出去了，本來我想用粗布給你做，但我哪裡會做洋裝呢？」

事實上，我是家中最小的一個，也是受寵最多的一個，父母疼我，哥哥姊姊們也愛我。無論哪一個，從外面回家，總會給我帶點吃的東西，雖然那些東西並不值錢，甚至有些根本不用錢買。使我印象最深的，也是我幼時吃得最多的，是蘆葦根，父兄在江邊給人家築堤，或在內陸開港，常會從地下挖到又粗又長的蘆葦根，雪白粉嫩，香甜可口，像藕，也像甘蔗。晚上回家，便是我的恩物。

我們那裡不常吃麵，米賤麵貴，小麥又比元麥貴，吃麵是待客的食品，我卻喜歡吃麵，平時吃不到，只有病時例外；因此，為了想吃麵，我就常常裝病。我的母親起初沒有發覺，以後發覺了，不唯不曾責罵，反而輕聲地對我說：「你要吃麵就說要吃麵，何必要用害病來嚇人呢？」

我家很窮，有時連過年敬神用的香燭都買不起，但我從未聽到父母向外人喊過窮。同時我的母親心地很仁慈，凡是見了比我家更窮的人，寧可省下自家的口糧，也會去接濟人家。有一年的冬天，正是日本軍閥擾亂不已的時期，我家常有斷炊的威脅，但我母親竟然偷偷地將僅餘食糧的一部分，送給了一家鄰居，母親還叮囑我說：「不要告訴你爹，因為那家鄰居的丈夫出了遠門，家裡孩子又多，實在比我們家更苦，我們現在幫助人家，將來也會有人來幫助我們的。」其實，縱然讓父親知道了，也不會不高興的，因為父親的性格太好了，我不曾見他罵過母親，相反地，母親卻常常指責他這樣不對、那樣錯了。

第二章　江南的家

新年・扶乩

江南，是以富庶聞名的地方，故有魚米之鄉的美譽。江南的常熟，尤其以產米聞名，我能住在那裡，應該感到光榮和快樂的。

但在我的追憶之中，歡樂的往事實在不多。兒時最感興趣的，只有兩樣事情可記：一是過陰曆年，一是看廟會。

農村中過了臘月二十，大家就忙著準備過年，忙吃忙穿，一直忙到三十夜，吃了年夜飯，才算一切定當，等著守歲過新年。

對於我家來說，過年並不是可喜的事，要債的人，往往有好幾個，接連來上好幾天，一直要到三十夜晚。父親為了籌款還債，年前就很少在家。我們兄弟姊妹六、七人，個個呶著嘴問母親：「今年能不能給我們一點壓歲錢？」母親的回答總是一個「有」字。事實上，縱然有，也只一點意思的象徵而已。

過年時看人家的孩子們穿紅戴綠，新衣新鞋新襪，我最多則只有一雙新布鞋。因我最小，兄姊們的舊衣一改，就成了我新年的新衣。有一次我嫌改做的衣服不好看，母親卻對我說：「這個也是新的，是我新洗的、新裁的、新縫的，只要穿著暖和，看來乾淨，那就是新的。」這對我後來的影響很大，直到現在，我對衣著料子的好壞，從不考究。

兒童畢竟是兒童，一到新年，無不歡天喜地。過了臘月三十夜，再窮的人家，也能歡歡樂樂，說說笑笑。大家因為田地封了凍，所以一直可以玩到正月十五之後。正月十五的元宵節，大家點燈玩火，又掀起新年結束的高潮。

農村的新年娛樂，多少也帶點宗教的色彩，例如請淋溝仙及點長壽燈，便是由宗教信仰而形成。請仙是用一隻新簸箕，在兜灣背上披一塊老太婆用的包頭巾，插一隻髮簪，再在口沿的後灣部插一根竹筷子，將箕口反覆，用秤桿做轎槓，點了香，到田裡禱告，請淋溝三娘回家問年景。抬到家裡，點燭焚香之後，就可以問了，由兩人扶住秤桿，他用點頭的數次，來回答問題。我所記得的一次，是在我家請的，似乎非常地靈，但他很實在，不知道的就不回答。問了之後，還要把他送回田裡去。有一個人家，大人不在家，孩子們也請到了淋溝三娘，正在問的時候，大人回家了，孩子們忙把簸箕往地下一甩，溜了；等大家睡了，那隻簸箕卻作起怪來，直到把他送走，家裡才平安下來。

其實這也是扶乩的一種，不過這是業餘性而帶娛樂性的，乩壇的扶乩，那是由乩童擔任，是職業性及宗教性的。

扶乩，又稱為扶箕，近代有一位許地山先生，他站在否定多神信仰的立場（他是基督徒），著了一冊《扶箕迷信底研究》，他的看法未必正確，他從許多古書中整理出了有關扶箕的資料，則很可貴。在該書的第一章中說到扶箕的

屋舍點綴在江南綠油油的田野中

起源：「扶箕術在許多的原始民族中，對它都有相同的信仰。西洋術語底 Coscino-mancy，是從希拉語 Κόσκινον（箕、篩）而來；Mancy 意為占卜法。國文有時寫作『乩』、『鸞』、『鑾』、『欒』（見故事四二），『神叶』（見故事七六）等，都是後起的名稱。……無疑地，扶箕是一種古占法，卜者觀察箕底動靜，來斷定所問事情底行止與吉凶，後來漸次發展為書寫，或與關亡術混合起來。不藉箕底移動，逕然用口說出或用筆寫出底也有。」

可見，我所說的請淋溝三娘，尚是一種原始的扶箕信仰。在中國古籍裡，與扶箕有關而且最有名的，便是陶弘景的《真誥》及《周氏冥通記》。所以，中國扶箕信仰，源出於道教，但在後來的乩壇，卻是混雜宗教，各宗教乃至《西遊記》及《封神榜》等怪誕小說所傳說的神仙、菩薩、佛，一概信仰，比如釋迦、觀音、老莊、孔孟、呂祖、濟公、耶穌、玉皇、關公、李太白、孫悟空、紅孩兒、李天王、楊六郎、姜子牙、城隍、土地公，乃至國父孫中山先生等等，都被他們奉為降壇的神明。

然在乩壇中，的確也有許多令人置信的神祕現象，降壇以後的「神」，不論他報的是什麼名字，往往都能夠吟詩作對、預報凶吉、診病處方。我曾聽到一位乩壇的信徒告訴我：在二十多年前的上海，乩壇上來了一位木道人降壇，他為治一個人的急病，能在當時處方，當時去四川採藥，過了不多一刻，便有一顆藥丸從空中落下，落在乩壇上，病人服了那顆藥丸之後，真的能夠藥到病除。像這樣真切的事，豈能指為無聊的迷信？也絕不能說是僅屬於心理治療的效用。所以，雖然乩壇是低等的多神教信仰，卻有好多的名人學者乃至在美國得了博士學位的人，也都願意相信。那位木道人，也就是我狼山大聖菩薩的及門弟子，叫作木叉尊者，是初唐時代的人。迄今流行於佛教界的一冊《西方確指》，也是明末清初之際，從乩壇上出來，所論皆是佛法，了無外道氣息。

因此，若照佛教的看法，扶乩所產生的神祕作用，是可以承認的，因為佛教雖不崇拜鬼神，但不否認鬼神的存在，那些降到乩壇的鬼神，雖然自己報的是什麼什麼名字，但卻未必真的是什麼什麼鬼神，他們乃是假借了那些出名的鬼神之名，助長他們的聲勢，他們本身，可能只是些依草附木的草頭小神，或者是飛行自在的佛教所說的八部鬼神，那些鬼神，都有或多或少、或大或小的神通能力，產生一些神祕的效驗，那是不足為奇的事。對於鬼神問題，我有一篇〈神鬼的種類〉，可以參考。可是，扶乩雖有效驗，未必次次有效驗，所以那不是絕對可靠的事，如果信仰扶乩而入了迷，那是有害無益！佛教不主張問卜，當然也反對扶乩，佛教只主張以各人自己的信心，實踐佛法，自然就有許多的善神，做為隨身的護持。

巫醫．鬼怪

種田的人家，非常崇敬土地神，正月十五日的晚上，每一處的土地廟，都是一年之中最熱鬧的日子。江南的土地廟，幾乎是同樣的形式，一丈多高，頭兩丈長，丈把深，供一對泥塑彩畫的土地公婆，粉成土黃色的牆，老遠地就能看到。平常，除了人家還願，或者死了人去「告廟」之外，很少有人去燒香。到了正月十五的晚上，不管怎樣，地方上的人家，也會給它上燈。所謂上燈，是用十來丈長的柱子，豎在土地廟前，再用竹片紮成一圈小一圈、一圈小一圈的竹圈圈，吊在柱子上，底圈最大，頂圈最小，把家家戶戶送來的燈籠，一圈一圈地掛好了升上去，站在遠處看去，輝煌燦爛，就像一座珍珠串成的寶塔。那天晚上，大家比燈看燈，也是比賽衣飾和看人。

一年一度的廟會，那是最熱鬧的節期，到了春夏交接的時候，我家附近鎮上，照例要出一次廟會，廟會期間，是商業的旺季，也是娛樂業的集中期。用布篷在空地上一遮一圍，就是一爿商店、就是一座舞台。

當然，廟會的主體是宗教性的，所以它的高潮是看城隍神遊行。許多人由於許願、還願的原因，以苦行的表現來參加遊行。

遊行經過的沿途，凡是村落所在，無不設有祭壇，見到神像的臉上出汗，大家就愈加虔敬地放鞭炮、焚檀香、跪拜禱告。

城隍爺的神像出汗，我是親眼見到過的。城隍的靈驗，我也聽得很多，甚至有人在夜裡看到城隍爺的坐騎——那匹泥塑的馬，也到外面去顯靈。但在日本鬼子上岸的時候，城隍爺似乎也被嚇走了，大家去求，毫無效驗。這依佛法解釋，是由於中國人的共業所感，城隍實在無力違背因果定律，而使大家造了業不受報。

在農村，土地廟等於派出所，各種的鬼神就等於醫生。彼此間發生了糾紛，就到土地廟去賭誓發咒；如果有了病痛，就請鬼神來醫，廟會能夠熱鬧，大多數是由於治病來的，一支藥籤、一包香灰，能夠治好一個人的病，怎能使你不相信？

我的母親，有一次病得要死，問神，神說是邪靈著了身，請乩童來家裡敲打咒誦了一陣，燒了一些紙馬、焚了一些冥紙、化了一些符咒，不多幾天，母親的病，果然好了。

又有一次，我的大哥，突然吐起血來，一大口一大口地往外吐，吐了將近半面盆，大家被他嚇慌了，他的嘴裡胡說，他的眼睛斜視著，分明，這是中了邪。請來一個捉鬼的人，口中念念有詞，用一口縫被的大針，在我大哥的身上找，最後找著了，在右手的虎口上，一針刺下去，刺得我大哥哀哀地直叫，並說以後不再來了。接著，那個捉鬼的人，端一盃清水，念了幾遍，又用手指在水面畫了幾畫，他說：「凡是童真的小孩，都能見到盃中的紅色藥丸。」好幾個小孩都說看見了，我也是小孩，我也去看看，我卻沒有看到，是真是假，我到現在還想不通。但他那種神祕性，那種神祕的氣氛，他能使你相信他是請到了神，捉走了鬼。而且，我的大哥經他刺了一針，吃了他的「藥」，也就真的好了。

鬼與怪，鄉下似乎特別多，我家附近的一條河裡，自從淹死一個小孩子之後，幾乎年年都有小孩子在那裡淹死，那條河的水，並不怎麼深，大家都說有落水鬼找替身，夏天來臨以後，不論白晝或夜晚，常常可以聽到似乎有人跳水的聲音，走近去看，卻連一圈半圈的水紋也沒有。有人見過落水鬼，說是好像一隻水猴子，也像一個小孩子。我的三哥膽子大，他也根本不怕鬼，有一次他故意到那條河裡去摸魚，想不到下水不久，就喊救命，去了一個人，才把他拖上岸來，但是他的一隻小腿，已經青了半截；他說有一個看不見的東西，捏住他的腿，死命地往水底下面拉。

說來也是難怪，鄉下的農村，經常傳聞著鬼怪的新聞，在城市之中，比較起來，卻是稀少，因此，有人以為那是出於鄉愚的迷信。其實，鄉愚多迷信，固然是事實，但也絕不是完全出於鄉愚的迷信。比如英國的倫敦，就是常有鬧鬼的新聞；中國的上海，也可經常在報紙上見到鬧鬼怪的事情。

抗戰勝利之後，兆豐花園的一座防空洞，因為前面有樹木花草，也有石凳，所以有人在那裡照相留影，有好多人從底片上洗出來，總是多出一個陌生人的頭影，起初以為是什麼人的惡作劇，經過警察機關的調查求證，最後是從防空洞裡挖到了一個骷髏頭。這樁新聞鬧了好一陣子。

另外有一個電車上的查票員，查到一位富家閨秀打扮的妙齡少女沒有買票，要她補票，她卻推說忘了帶錢，問她怎麼辦？她便大大方方地說出了她的姓名，也說出了她家的地址，並請查票員暫時墊一下，下班之後到她家裡去拿。本來，一張電車票不值多少錢，那位查票員被她的美色迷住了，下班之後，真的按址前去，想不到，當他剛一走進那個人家的客廳，便被嚇出了一身冷汗；一個新供的木主，一張掛著的遺像，已經說明了一切！那個查票員，也就在這一嚇之後的不久，向這個世界告別。

日本軍閥

我家的窮，第一是由於水災，第二是因為戰亂。民國二十年（西元一九三一年）長江大水災，沖毀了我家江北的田園；民國二十七年（西元一九三八年）的春天，日本軍閥的風暴，虎狼似地從長江裡上岸，到了我江南的家鄉。那時，我家已從窮困之中掙扎了過來，因為江南的土地肥沃，耕收很好，父母的吃苦耐勞，生活已無問題。據說，要是沒有意外，再過幾年，就可以買進一些土地了。然而，正當我家快要抬起頭來鬆一口氣的時候，日本人到了。

日本人，現在看來也跟我們中國人差不多，沒有什麼可怕的，可是，那時侵略中國的最初讓我見到和聽到的日本人，簡直要比洪水猛獸更可怕。

那時，我已八歲了，雖還沒有開蒙讀書，但從當時見到的，以及後來聽到的，在我的記憶中，日本人的到達，實在勝過了洪水猛獸的侵襲；洪水猛獸雖然厲害，總還可以設法躲避，對於日本人的凶暴，躲避也沒有用處。

在日本人尚未登岸之前，穿著灰色制服的國軍，一隊隊一個個地，都在垂頭喪氣的情態下，不發一槍一彈，事先就撤走了。每天的深夜，都有狗哭的聲音，那種淒厲的狗哭聲，令人聽來毛骨悚然，鄉間誰都相信，狗哭聲是預報凶兆的即將來臨，不是失火就是要死人。每天也都聽人傳說，在某處的大馬路上過了整整幾夜的陰兵，住在路旁的人家，家家都能聽到，那些凌亂的腳步聲、刀槍互擊的摩擦聲、刺耳的馬嘶聲、嚴肅的口令聲、低沉的說話聲……，大家繪形繪影，說得活靈活現，大家也都相信，陰兵的預兆是戰火即將來臨。並且傳說，這是孫中山先生在陰間帶著大軍跟日本人開火。我沒有聽到陰兵過境的聲音，但那些聽到的人，並不全是善於造謠說謊的人。總之，山雨欲來風滿樓，日本人尚未見到，日本人要來的凶訊，已使大家惶惶不可終日。在國軍走了而日本人尚未到的真空階段，盜賊的猖獗，更增加了這一恐怖局面的恐怖氣氛，簡直令人喘不過氣來。

終於，要來的畢竟來了。日本人，非常順利地上了岸，並且受到了當地投機分子們的列隊歡迎。可是，國軍雖然不見了，愛國的地下組織，卻活躍起來。日本人並不能夠高枕無憂。

日本人的面貌也的確猙獰，到處是燒、殺、姦淫。凡是日本人到的所在，能把房屋保住，算是不幸中的大幸，說不定由於個把鬼子兵的失蹤，就會連累上數十戶的老百姓，在哪一處的附近發現了鬼子兵的屍首，那麼，附近的人家是燒定的了，也殺定的了；人，或可逃避得快而倖免一刀，房子是怎麼也保不住的。殺人，對於日本人來說，好像是極其平常的事，怒了，要殺人；為找刺激，也要殺人。日本人殺中國老百姓，很少捨得用子彈，他們腰間的武士刀，銳利非常，也堅硬非常，砍掉幾個人的腦袋，簡直是輕而易舉的事。小兵沒有武士刀，步槍裝上刺刀，解決幾個毫無反抗能力的中國人，也是輕而易舉；屠殺成年人，也屠殺兒童，當他們殺得高興的時候，甚至用刺刀從兒童的腹部穿透，頂在槍頭上，兒童尚在哭喊救命，他們卻樂得哈哈大笑。

說起日軍姦淫婦人，更是慘無人道。不問老少，只要被他們看中了的，很少能夠倖免，反正他們的目的是在侮辱與蹂躪。對於年老的婦女，他們用木棍代替陽具，一連在下體搗上幾十下子，根本不要再想活命。對於未成年的少女，他們會先以刀尖引導，遭受了如此強暴的少女，縱然不死，也是半死。對於成年的婦女，如果略具姿色，輪姦再輪姦的命運，也就逃不過了。

我家是住在鄉下，也不在交通的要道，日軍往往打我家左右前後的數百公尺處走過，卻從未到過我的家裡，所以我家算是婦女們理想的避難所，那些平時從不交往的遠親戚，這時候都跟我家攀交起來，把他們的女兒、媳婦送來我家暫住。我家僅有四間草屋，突然來了十多、二十位女客，著實是夠擠的了，但是，我的父母對她們卻特別表示歡迎，同時也感到非常地欣慰，因為像我們這樣的窮人家，竟然能夠做了這樣難得的好事。遺憾的是那些女客，都是鎮上人家的千金與少奶奶，即使把我們自己的房間和床位都讓了出來，還是不能稱她們的心意。

一連住了兩個月，到夏季來臨之時，第一批凶神惡煞的鬼子兵調走了，跟著來的第二批，比較和氣一些，花姑娘雖然依舊喜歡，但已不像頭一批那樣地亂來。於是，我家的貴客們，也一個一個地離去了。當她們初來之時，簡直把好話說盡，也把願心許足，說什麼我的父母真是菩薩心腸，她們一定要好好地報答，但在事後呢？她們再也沒有到我家走動一次，我的父母從未想到祈求她們的幫助，雖然自從日軍到了之後，我家常有斷炊之憂。

因為我家種的田地有限，田裡的出產，除了繳租，尚不足一家的半年所需，當時，百業停滯，景況蕭條，想賣苦力，也沒有人要，要勞力的，乃是日軍徵集民伕去挖戰壕，構築工事。為了生活，我的大哥與二哥，都去了上海，三哥幫助父親種田。父兄忙於耕作，因此，我在十來歲時，就已應徵去為日軍服勞役。

游擊隊的活躍，使得日軍頭痛，所以一入夜晚，日軍絕不下鄉。因此，地方上的盜賊很多，為了治安，各鄉以保為單位，組織自衛隊，每天一早，輪番巡邏值更，我的父兄白天要做工，凡是輪到我家，都是由我出馬，每組五、六個人，全是老年人和小孩子，一人一支竹柄的鉤鐮槍，打著燈籠，敲著鑼，噹——噹——地在各村子上轉來繞去。我當時非常駭怕，假如真的遇上了強盜，我想，只要有個把大漢，就可輕易地將我們收拾乾淨！

日軍集隊下鄉時，帶著警犬，耀武揚威，有時遇到了游擊隊的埋伏，就乒乒乓乓地打上一仗，因此，我們也學會了地形地物的利用。每次聽到槍響，就選擇有利的位置臥倒。

有一次的深夜，游擊隊向鎮上的日軍進攻，我們全家伏在桌子底下，上面用好幾條棉被蓋住，做為防彈設施。只聽得槍砲聲響了一夜，結果證明了日軍的防守是堅強的，日軍雖有死傷，陣地卻屹然無恙。第二天拉了許多民伕，清理戰場，游擊隊遺下的屍首，有好幾十具。

由於常常有人死於非命，所以也到處鬧鬼。走夜路的人，往往會遇到武裝的軍隊，一轉眼，軍隊便不見了；凡在殺死過人的地方，夜間也常作怪，有人見到沒頭的人站在路邊解小便，有人聽到鬼在談話，有人遇到鬼打牆。弄得婦女孩子們，入夜之後就不敢單獨出門。

有一次，離我家不遠的地方，被日軍殺了幾個「強盜」，鄉人迷信人血可以避邪，所以有一個大膽的青年，用他自己的褲帶，在砍了頭的死人頸上，沾了一些血。本來，他是用它避邪，但當他在回家之後，那幾個死鬼就上了他的身。而且都以外鄉口音，各自說出了他們的來歷和姓名，他們的目的是因人手太少，要請這個大膽的青年去加入他們的隊伍。因此，僅僅一天的時間，就把這個青年活生生地拉去了。

不久，由於汪精衛的叛國，組織了和平軍，於是，我們鄉間，又多了一份負擔，和平軍與游擊隊，輪流著向地方老百姓徵糧徵草。他們像是蝗蟲過境，換了一批又一批，十天半月，就有保甲長帶領著他們來向百姓搜括。記得有一次來我家裡，一下子就把我家的全部的柴草搬去了一大半，逼得我家以後只好撿些枯葉荒草，乃至挖草根曬乾了做燃料。我在每天放學回家之後，就是去做這些工作，有時走得很遠，也撿不到多少，因為我家如此，其他人家也多半如此。母親有時見我骨瘦零丁地夯著枯枝亂草回來，往往偷著擦拭她的眼睛，我問過她幾次，她說見我如此能幹，她怎麼會哭？

我家畢竟太窮了，窮得使我不能完成小學的學業，結果，由於因緣的安排，使我走上了出家的路。

第三章　美麗的夢

把我送掉

起先，我的母親加入了鄉間的觀音會，每年三次法會，由會員輪流著在各人家裡做，大家出會費做為法會的開支，大約有二、三十人，全是女性，年紀並不限制。在我家裡也做過幾次法會，她們不請出家人，唱念都由她們自己來。母親不識字，不會念經，只是跟著念聖號，也叫我們家裡人都跟著念。

我的大哥、二哥與二姊，都是理教會的會員，二姊曾帶我去參加過一次法會，除了念經之外，還聽講道。

理教不是佛教，它是佛、道兩教的混血兒，他們供的金身佛老爺是觀世音菩薩，樓上供的他們兩位祖師叫作楊祖及尹祖，殿前也供彌勒與韋陀，主要是禁酒、戒菸，入教時授有視為祕密的「五字八戒」。楊祖是明末的人，尹祖是清朝乾隆年間（西元一七三六—一七九五年）的人，最初是一種祕密結社，民國以後，已成了公開的一種宗教團體。（詳細內容請參閱拙著《比較宗教學》第六章第四節）

那時我還小，不懂什麼信仰不信仰，只覺得那種場面的氣氛很好，故在平時頑皮，曾用大張的白紙，畫上一尊佛像（其實只是鬼畫符，什麼也不像），貼在壁上，然後學著念經的樣子，喃喃地自說自話。大人看了，都覺得好笑。

我們鄉間，除了佛教和道教，沒有別的教，故在一年之中，總要看到好多次的和尚和道士，比如死了人啦、做七啦、做週年啦、做冥壽啦，尤其每年一度的七月普度。小孩子喜歡看熱鬧，小孩子的模仿心與好奇心也很強。所以我也常想：能做和尚、道士，該多好呢？

民國三十二年（西元一九四三年），我已十四歲（其實還不滿十三足歲），父母因為家境關係，我的學業，也是時輟時續，並且讀私塾、讀小學，沒有一定，小學我僅讀到四年級，便決定不讓我再讀下去了。

那年夏天，有一位鄰居叫戴漢清，到我家來玩，閒談間問起我將來要做什麼事，我沒有回答，我的母親卻說話了：「我家很窮，子女也不算少，所以我想把他送掉。去年有人介紹他到無錫鄉下做招女婿，那人家倒不錯，有田也有產，可惜那個女孩是啞巴，同時這是我最小的兒子，我也捨不得送掉。」母親接著又說：「這孩子身體很單，讀書倒很用功，只是他投錯了人家，我家培養他不起。將來他長大時，我們做爹娘的也老了，也無法給他娶得起媳婦，看樣子，他只有去做和尚了。」

想不到母親的最後一句話，竟然觸動了那位姓戴的靈機，他連忙追問我的母親：「真的捨得讓他去做和尚嗎？」

「有什麼捨不得的，但也要他自己甘願啦！」母親跟著便以開玩笑的口吻問我：「保康，你想做和尚嗎？」

「當然想做。」我說。但我這一回答，倒使母親楞住了。

母親停了一下才說：「你倒爽快，但還不知有什麼廟裡要你去做和尚哩！」

原來那位姓戴的鄰居，也是南通搬去的，他的老家住在南通的狼山腳下，他與狼山的和尚很熟，每次回南通，總要去看看狼山上的和尚。那一年，山上的和尚正巧託他代找小和尚，因此，他就把我看中了。

跟著，他要我父母先將我的生辰八字開好，給他送去狼山，以便山上的和尚在佛前請示。

我的生辰八字開給那位姓戴的鄰居之後，父母以為是開開玩笑的，所以並不怎麼認真，我卻把它當成了一大喜事，天天希望著好消息的來臨。

夏天過後，秋天來了，那位姓戴的鄰居，從江北回來，果然給我帶來了好消息，並且來得非常積極。他一到我家，便要我把衣物收拾起來，馬上跟他過去狼山做和尚。

這事本已說好了的，但在沒有心理準備的父母聽來，又覺得非常突然了，尤其是母親，甚至要反悔，她以為孩子去出家，總得先讓父母見見山上的老和尚，看他們到底好不好，最低限度也得讓父母給孩子做幾件像樣的衣服穿了去。

但是戴漢清很會說話，他說：「不要緊的，現在只是帶他去山上住著試試，至於出家與否，還不能確定，第一要他住得慣，第二還要師父喜歡。再說衣服，根本不是問題，狼山的和尚是財神，從狼山下來的和尚，等於是從錢山下來的，還怕沒有衣服穿？」

的確，狼山的富名，在南通境內可謂盡人皆知，狼山的香火盛，收入也多。因此，父母同意了。

第二天一早我就起床，等候戴漢清來帶我去坐船過江，並且在心裡為自己編織起一個美麗的夢。母親給我整理了一包衣物，又料理路上吃的，她看我非常興奮，毫無一點離別的哀愁。於是她對我說：「孩子，你馬上就要去做和尚了，你就一點也不難過嗎？你娘養了你十四年，你就一點也不想念嗎？你捨得你的娘嗎？唉！你的娘實在捨不得你。」她一邊擦著眼淚，一邊又說：「只怪你的爹娘窮，還有什麼話說！」

母親是不大流淚的，我也不是愛哭的孩子，但這時她很傷心，傷心我並不依戀母親，所以她流淚。聽了母親的話，終於我也是在淚眼汪汪的情景下，離開了家！

江南與江北，僅僅一江之隔，南通的狼山與常熟的福山，也是遙遙相對，彼此都可看到山影。從江南的東界港到江北的任家港，江南的十二圩港到江北的天生港，也都只有二十多里的水路，若是天氣晴朗，江南江北，均可看到對面的樹影。狼山是在福山對面，若從江南的四星港到江北的兔子港，那是最近的路途，但因北塌南長，兩邊的港口，均無定址，所以也沒有固定班期的渡船。

那天我們是乘東界港與任家港之間的渡船，這一帶的長江渡船，都是用的帆船，可乘百把人，如果遇到順風，個把小時就可過江，要是氣候惡劣，逆風頂水，航上五、六個小時，也是常事，有時的偏差角度，多達數里之遠，並且老在江心

美麗的夢——至狼山出家

裡畫著曲線。因為我家的親戚，多半還在江北，所以每年都會過江一、兩次。

這次渡江，非常順利，僅僅個把小時。但是從任家港到狼山，雖然舉目在望，甚至已能辨出山頂上樹木的高矮，但要到達狼山的山腳，尚得步行兩、三個小時。港口到達南通城裡，一天有兩、三班燒木炭的客運汽車，並且沒有定時；到狼山去除了獨輪手推的小木車，沒有別的交通工具。

我們沒有什麼行李，所以決定步行。沿著長江邊上一直向南行，沿路很荒涼，江北的地質古老貧瘠，沒有江南的肥沃，江南那種綠油油的田野，在江北的江邊是少見的。

我很興奮，我的這次離家，比任何一次出門都感到高興，雖然我已可能不再回家，雖然我已即將進入一個完全陌生的環境，我卻毫不畏懼，好像我這次離家出家，就是去上天堂。故當我和戴漢清漸漸接近狼山之時，我已把早晨離家時曾和母親相對而泣的情景，忘得一乾二淨。並且一邊走著路，一邊問著山上的種種情形，同時也在幻想著上山以後的生活，那是很美很美的，簡直就是天堂。

到了山腳下，巍峨的殿宇，已出現在面前，而且遍山都是高大壯麗的建築物，那座山門第二進的大雄寶殿，高大得使我不敢相信，要比我家全部的房屋大數十倍，也高了許多倍，我家的房屋如果擺進這座大殿，那就像是玩具屋了。殿內佛像之大，也是從來未見，即使站在殿前，也得仰起頭來，才能見到佛面。殿內的一角，有一個和我年齡不相上下的小沙彌，撞著幽冥鐘，他梳著瀏海頭，穿著長領寬擺的和尚衣，撞一下鐘，拜一拜佛，口裡也在唱著「南無九華山幽冥教主地藏王菩薩」，喉嚨清脆，韻律悅耳，超塵脫俗，發人深省。

這一切，都使我神往。我想，我也就要住在這裡了，我也就要和這位小和尚一樣了。

但是戴漢清告訴我，我們還要上山，我們的目的地是在山的最高處，那上面比這裡更好更大更有趣。

遍山都是碧綠蒼翠的樹木，在樹蔭叢中到處可以看到若隱若現的紅牆綠瓦。山路上有碑亭、有神祠、有攤販、有乞丐、有香客與遊客。山勢很陡，山上沒有可供汽車或馬車行駛的大路，只是步步拾級而上的小路，路面的寬度，只能容許三個人並肩通過。如果中途不休息，通常的人約需四、五十分鐘，就可走到山頂，走得慢些，要一個多小時，走慣了的山上道人（工友），挑著擔子也只消二、三十分鐘。

我們到了山頂，進了大殿，首先由戴漢清教我拜佛的動作，然後告訴看守大殿的道人，說我是來山上做小和尚的，要他轉報當家師。

道人進去了出來時，當家師並未跟出來，只對我們說：「當家師請你們進去和大家見面。」

轉彎抹角，走了好幾條甬道，過了好幾個門限，我從未見過這麼多房子的宅第，簡直像劉姥姥進了大觀園，這個新環境給我的第一印象，就是房子太多了。

終於走到了一間屋子，裡面有好多位和尚，有老有少，最老的鬚髮皆白，最少的也有三十來歲，他們有的坐著，有的站著。當我一跨進這間屋子，大家都沒作聲，不約而同地眼光集中在我身上，將我渾身上下打量了一會，才由一位中年的和尚對戴漢清說：「就是他？」

「是的，就是他。」戴漢清回答。

於是那位中年和尚便向我說：「來罷，來認一認人。」他隨即逐一介紹：「這是師太祖，這是太師祖，這是曾師祖，我是你的師祖，你的師父還沒有來。」

戴漢清在旁邊，要我逐一頂禮，但我在這場合之下，已把剛從大殿上學會的頂禮動作，忘得一乾二淨，只得就地叩頭算了。

狼山這個地方，不是十方制，乃是子孫廟，唯恐子孫在接任住持的問題上發生糾紛，所以由來都是子孫單傳，一個師父，

拾級而上的狼山小徑

只許有一個徒弟，如果同時收受兩個小和尚，必定是一個師父，一個做徒弟。我的師公與師祖，是同時出家的，但是先進山門為師，所以剛剛出家，就做了師父。這次收受的兩個小和尚，我是徒弟，另外一個也成了我的師父。

但是，很不公平，照理是先進山門者為師，然我先進山門，仍舊是做徒弟。當我上山之時，我的師父尚未上山，據說他的年齡比我大一歲，介紹出家的時間也比我早。事實上另外有個最大的原因是他住在狼山腳下，並與我師祖的俗家，也有一點親戚關係。唯我當時全不知道，只覺得能夠要我出家，已經心滿意足。

偷香錢

當我上山之後，派人叫我的師父趕快上山，但仍過了一個多月，他才姍姍而來。當然，他是很高興也很得意的，因為他能後來居上，他在沒有上山之前的一個多月，就做了師父。

我和師父住在同一房間，雖然口上叫他師父，實際上是兩個小朋友，我們也相處得很好，因為他是師父，他也比我高大，我總讓他一些，他也並不欺侮我，待我很好。只是他的古書比我多，常常弄些古裡八怪的字來考我，使我難堪。好在他的天資，並不比我好多少，背五堂課誦時，我沒有落後。

但我尚有一個希望，希望把衣服換掉，能夠穿上和尚裝，頭上也梳起一個劉海頭。可是這一希望，在狼山時始終沒有實現，特別是梳劉海頭，直到現在也沒有實現。這個希望未曾實現之前，雖然住在山上，仍跟在家之時一樣，天天照應佛前的香火，甚至也有些像小佬（小伙計）。因為我的師祖沒有這個興趣，師祖與我雖然隔了兩代，但他是當家，小和尚也是他帶的，一切均由他負責，其餘的人不會管也管不著。

所好的一點，狼山是有名的富山，山上用的道人很多，出家人不必做苦力，即使是小和尚，也不必掃地抹桌子，除了佛前照應香火，便是念書念課誦。道人對小和尚也很恭敬，他們稱成年的和尚為老爺，稱小和尚則為小老爺。道人都很忠心，有的老道人，和最老的老和尚差不多年紀，他們曾看到一代一代的小和尚上山來，一代一代地做了住持當家，他們始終還是道人，所以不會欺侮小和尚的。老道人的子孫，多半也到山上來做小道人，他們的一代傳一代，多半也是靠著山上生活。

再說我那位小師父，上山半年之後，他的哥哥死了，遺下一個新婚不久而又美麗的嫂子，也不過十七、八歲，於是我的那位小師父，便在他母親與嫂子的勸說下，回家和他的嫂子結婚了。因此，我便升了一輩。不久，我的師祖，也為我收了一個「徒弟」，說來真是有趣。

我在狼山，前後住了不到兩年，但對它有濃厚的情感和深深的懷念。

當我上山不久，便發生一樁趣事：每天的香客很多，每一座佛像之前均有一隻錢箱，如有一大隊香客到了，小和尚為了照顧香客，並照顧香客在每一座殿上所投下的香錢，往往要從正殿，一直送到二山門。有的香客，把鈔票扔在錢箱上面，或者只塞進去一半，這就要靠小和尚幫助他們將鈔票塞進錢箱裡面去。因此，這也正是小和尚偷香錢的最好機會。當時的我，心裡雖想偷錢，可是非常駭怕。但是，有一天的晚上，有一位老和尚（我當稱他太師祖）把我喊去，他問：「小和尚，你來山上幾個月了？」

「三個月。」我說。

「你偷了多少錢？」

「老和尚慈悲，我沒有偷錢。」

「不許說謊，我已在你房間查過，你說，床上枕下的錢是哪裡來的？」

「是我媽媽給的。」

「我不相信。」老和尚將面色一沉，又說：「如你不說實話，明天就送你回家；你說你沒有偷錢，也要送你回家。」

那位老和尚的意思使我很難捉摸。說謊的，要送我回去，不偷錢的，也要送我回去。怎麼辦呢？只好默不作聲，不過那位老和尚馬上又微笑著向我說：「我看你很老實，你不要怕，我實在是說你偷的錢太少。我們七年才輪到一年上山頂，再過四、五十天，我們就要回到法聚庵去了，如果不偷一點錢，以後的六年之中，你拿什麼零用呢？我們狼山的規矩，常住上不發單銀，零用全靠自己，我又聽說你的俗家也很窮，相信也不會有錢給你用。再說，我們狼山，除了香火，既不做經懺，也不易找護法。」

這才使我鬆了一口氣。

老和尚教小沙彌偷香錢，這恐怕是狼山獨有的家風了。當然，主要的他不是當家師。

第四章　狼山的狼

菩薩顯聖

我的俗家，本來就住在狼山腳下不遠的地方，我也出生在那個地方，雖然當我出生的第二年就因大水災與大海塌而搬到江南的常熟，但我時常聽到父母談起南通的狼山，那簡直同神話一樣地迷人。故在我幼稚的想像中，所謂仙境、所謂神仙，一定就像狼山以及狼山上的和尚一樣：遍山都是參天的古木，古木深處，到處都是天宮一樣的洞天宅第；那裡的和尚，個個都是飄飄欲仙的，甚至他們與人間凡夫的形狀也不相同。

我曾聽過狼山的很多神蹟，比如說：有一個山洞裡坐著十八尊金羅漢、十八尊銀羅漢、十八尊銅羅漢、十八尊鐵羅漢、十八尊石羅漢，還有十八隻狼。但是那個山洞，從來沒有人發現過，那些羅漢卻常常出來，有些人明明知道那是狼山的金羅漢或銀羅漢，但也不敢起一絲貪心。見到金羅漢的人，一定有好運，如果起了貪心，而又命中沒有福氣的人，即使把金羅漢搶回家去，反而會變成了狼而把你的全家吃掉。金羅漢是金子的，如果見到了不會活動的金羅漢，這就表示全部的金子屬於你的了，否則你就不要打妄想。所以有很多人都希望能有一天在狼山上發現一個山洞，山洞裡坐著十八尊金羅漢等著他去接收，但也從來沒有一個人敢去故意尋找那個山洞，因為一動貪心，十八尊金羅漢，很可能就變成了十八隻凶猛的狼，最低限度，也會將金子變成了銀子，或者變成了銅，變成了鐵，變成了石頭。

我又聽說，狼山的大聖菩薩非常靈，並且常常顯聖。有一次，一個推獨輪車的車伕，在離狼山很遠的地方，見到一個和尚，衣衫不整，既臭又髒，他說他是狼山的和尚，要坐小車子回狼山，那個車伕，心想這一定是冒充的，狼山上哪會有他這樣一個蹩腳和尚，不過車伕的心很善良，看這和尚滿可憐的，便答應送他到狼山，但卻沒有存心要車資。果然不出所料，這個窮和尚真的沒有錢，只脫下一隻破鞋子交給車伕，並教車伕憑這隻破鞋去山上拿錢。那個仁善的車伕根本不曾想到要錢，但他又想，既然到了狼山腳下，應該順便上山去拜拜大聖菩薩，同時也半信半疑地把那隻和尚的破鞋帶了上山。誰知道，當他一見大聖菩薩，奇蹟便出現了，他手上

春光明媚的狼山景色

的那隻破鞋，竟然變成金鞋。再仔細瞻仰大聖菩薩的聖容，竟與坐他車子的蹩腳和尚的面龐一樣，這更使他五體投地，連連叩頭，感動不已。

還有一次，正是長毛造反的時候，有一天，長毛從江南開往江北，預備在狼山前面登陸，並預備摧毀狼山的道場，但是到了靠近狼山的江邊時，發現狼山上遍山都是軍隊，而且是又高又大又威武，長毛見了，魂不附體，連忙改變了航行的方向，狼山也就免除了一次劫難。以上帝為天父、耶穌為天兄的太平天國，在他們十三年的壽命之中（西元一八五一——一八六四年），蹂躪了東南十九個省，淪陷了六百多個城池，占領了全國面積的三分之二，所到之處，廟宇聖像、經書法物，無一倖存。狼山卻能在此浩劫之中，安然無恙。

抗戰期間，日軍大肆轟炸，狼山也是轟炸的目標之一，因為聽說狼山駐有軍隊，但是一連炸了好多次，投彈之時，明明選的是狼山，炸彈投下，卻像放氣球似地飄進了長江。

狼山大聖的名聲，在蘇北的地區，乃是老幼咸知，婦孺皆敬的；在蘇北，一提起狼山大聖，無不肅然起敬，他是無病不治的醫王，也是無難不濟的聖者，更是有求必應的大菩薩。無論距離狼山多遠，如果家裡有人病了，只要燃香點燭，向狼山的方向祈求，取些香灰，沖了開水，一喝就好；如果有何疑難，只要如法祈求狼山大聖，便可逢凶化吉；如果在長江中突然遇到船難的船隻，只要向狼山的方向，祈求保佑，便可履險如夷。

因此，狼山的香火，在蘇北占第一，即在江蘇一省，也可占到第一。春天，遍山都在花木叢中，山上沒有泉水，飲水和用水，部分靠積雪的融解與天雨的儲存，部分則賴挑水伕從山下供應，但是全山的樹木花草，春天來時，卻顯得特別地蒼翠豔麗，扶疏欣榮，所以南通城裡往狼山春遊的人，終日絡繹於途。由城到狼山，有一條十來公里長的公路，直達狼山腳下。山下，在清代時乃至民國初年時，原是砲台要塞，狼山亦本為江海間的軍事重鎮，後來因為時代進步了，戰術戰略以及地勢的利用，也跟著改變，砲台改建了民房，那些民房都開了香店，兼營住宿香客的旅館。城裡來的人，多半是當日回去的，遠道來的，就要在山下住一夜乃至兩夜。

最為感人的鏡頭，是在夏秋之間，一大隊一大隊從遠地來的敬香客，在烈日當空、火傘高張的情形下，光著頭，跣著腳，背負香袋，手敲木魚，口裡念著有韻有律的聖號「南無狼山大聖國師王菩薩」，走三步，拜一拜，有的備有小小的拜墊或拜凳，有的則每拜必是五體投地。他們愈往上拜，愈是虔誠，聲音也愈發悠遠清澈，撼人心弦，他們不論老少，拜到山頂之際，雖已渾身汗流濕透，但卻從未見有一人暈倒。有的人，一到山頂，見了大聖菩薩，便是連續禮拜，並且涔涔淚下，直到拜到精疲力竭，才行休息。這在香客而言，有一個名詞，叫作「敬火香」。他們多半是為還願而來的。

進入隆冬以後，農村的耕作休息之際，狼山的香火則更加旺盛了。

張狀元

南通這個地方，漢代稱為海陵縣，東晉則為蒲濤縣，五代的南唐又置為靜海鎮，五代的後周升置為通州，清朝改為直隸州，為別於順天的通州，所以俗稱為南通州，簡稱南通。民國以後，再改為南通縣，隸屬於江蘇。地當長江之北，南鄰海門、啟東、崇明，北接如皋、東台，商口四通八達，利於貿易。由於縣境盛產棉花，舊時即有通州布之名，分有大布（廠織）及小布（家庭織），大生紗廠的紗，聞名全國，其他的實業、交通、教育、慈濟，均極發達，曾有一度，縣內乞丐絕跡，故有模範縣的美譽。

南通之能成為近代化的模範縣，即是由於出了一位張季直，他的排行是第四，故在南通人對他的稱呼是張四先生，老一輩的則呼為四大人。他從十六歲考取秀才，四十二歲才中狀元，從縣試、州試、院試，一直考到殿試，經過二十八次考試。據他的哲嗣孝若所寫的《南通張季直先生傳記》二十九頁說「我父從小考到大魁」，「一齊算起來，在場屋裡邊有一百六十天」，「考到第一名，共有九次，考在前十名上下，有七次」。但他辛苦地由一個農家清苦子弟而考中狀元之後，志願不在做大官，而在做大事，利用他狀元的身分，發展他為鄉里造福的抱負。以他一個舊式科舉中出身的人物，卻能醉心於現代化的各項建設，這實在是一位近代史上不可多得的偉人。南通既受其惠，狼山自不例外。

據《中國古今地名大辭典》七三六頁下說：「狼山在江蘇南通縣南十八里，五代時吳越錢傳瓘，帥戰艦自東州擊吳，吳遣彭彥章拒之，戰於狼山，即此。真誥稱為狼五山。雄峙大江北岸，與常熟福山對峙，為江海間重鎮，清有狼山鎮總兵駐之。」五代即有狼山之名，可知狼山的歷史已很久了，所謂狼五山，乃是連接起伏的五座山頭，後來僅以最高的主山稱為狼山。

又據《清一統志》稱：「山有觀音紫石二巖，仙女夕陽二洞，山之巔有塔五級，名曰支雲，塔後有大聖殿，殿後有定心石，虛懸峭壁，陡絕至頂。山前有大觀臺，甃石為之，繚以石欄縱橫十餘丈，東折為振衣亭，……又東為半山亭。」這些名稱，當我上山之時，除了大聖殿及觀音巖之外，山上已很少有人運用。觀音巖是由張季直發起重修的，所以我知道，並去玩過幾次，位在山後的峭壁之側。至於紫石巖、仙女洞、夕陽洞，我就不知其在何處了，真可惜！當時狼山的子孫，只知照顧香客，對於觀光古蹟的培護，很少注意。支雲塔共有五級，歷代曾遭幾次雷擊，故到民國以後裝了避雷針。定心石，當我在山之時，它已成了香客燃放鞭炮及焚化黃錢紙的地方。大觀音台，純由石塊砌成，兩丈多高，四方形，大約不足五十公尺見方，台上並無觀音，僅供香客遊憩，遙覽江景。振衣亭及半山亭，我卻沒有見到，山腰裡倒有一座民國以後建成，題著「殺身成仁」橫牌坊的烈士墓。

再說到張季直與觀音巖的關係，當他重建觀音院落成時，那是民國八年（西元一九一九年），正好是「五四」運動發生的那年，還特別請了太虛大師前去講了三天〈普門品〉，這在《太虛自傳》中有這樣的敘述：

前南通中學校長安徽江謙，時寓滬上，亦因劉（靈華居士）信佛。江曾請我至其家相談甚愜，乃函告南通張季直殿撰。此時，南通的教育和建設稱全國模範。按張先生與武進蔣維喬等，在清季毀寺提產興學校甚多，至是漸信佛教，對南通古剎稍有修復。值重修觀音院落成，因請我前往講〈普門品〉，由費範九迎候。安榻設座於觀音院，雖只講三日，以張殿撰率當地緇素數百人日來聽講，影響頗大。院供唐以來觀音大士的名繪名繡百餘幀，華妙絢爛，可稱洋洋大觀！費君陪遊狼山諸剎，參觀學校、公園、劇場、工廠等新事業。

江謙是張季直的高弟，殿撰是狀元的俗稱，觀音院是觀音巖的寺名。那些觀音像之中，有五十餘軸是杭州井亭庵僧靜法遺藏轉交的。我要在這裡強調提醒，當時的太虛大師，不過三十一歲，張狀元已是六十七歲的老先生了。大師參觀的那些學校、公園、劇場、工廠，也都是張狀元一手創辦的，以這樣一位新舊學說兼修博通的張四先生，竟能一連三日，親自率領當地的僧俗數百人來聽大師講〈普門品〉，大師的德學感召力量之大，可以想見。

張季直對於佛法不是外行，試看他送太虛大師一首邀請講經的詩：「此生不分脫娑婆，正要勝煩治共和。過去聖賢空舍衛，相輔兄弟戰修羅。覺人誰洗心成鏡，觀世豈聞面縐河！師儻能為龍象蹴，安排丈室聽維摩。」至於這位狀元先生為何要請太虛大師去狼山講經？在他〈致江易園書〉中有這樣的意思：「狼山觀音院可臻精潔勝處，而和尚太惡俗，欲求勤樸誠淨之僧，或居士主之。狼山亦擬仿焦山例為改一叢林做模範，但如何措手未定，故尚不宣示意見，須計定再說，若弘一、太虛能為之，亦大好事也，試與弘一、太虛言之。」

江易園便是江謙居士，他好幾次給張四先生寫信稱道太虛大師，所以這次大師的南通之行，推想必為張四先生的計畫安排之一。然而狼山的寺院很多，何以張四先生首先重修觀音院？太虛大師的《人物誌憶》第十二，也有說明：「張先生以夫人禱子觀音岩，晚年得子，亦由是崇佛。」這個晚年禱得的兒子，便是張孝若。所以張四先生修了觀音院，並在院內造了一座三層樓，內中陳列了許多觀音像。在畫的、繡的當中，有古人的、近代的；在雕刻的當中，有石的、玉的、木的，及其他種種的；各式各樣，沒有一幅同的、一尊同的。每年逢到觀音生日，總開放讓人去參觀瞻拜。他所以如此的原因：一來是敬佛，二來是保存勝蹟，三來是提倡美術。其中包括有唐代吳道子的、宋代趙孟頫的、「北齊龍門美石之所鐫，唐世貞觀丹陽善銅之所範」等等的作品。（以上見《南通張季直先生傳記》第十章第一節）

可是，觀音院雖屬狼山，卻非狼山的房頭，享不到大聖菩薩的香火之利。狼山給張四先生的印象並不是很好，他的哥哥張三先生對狼山的修整，則很出力，當我上山之際，還見到好幾幅重修後的對聯及匾額，是張詧（三先生）所寫，當然我也見到了張謇（四先生）的對聯，只是不多。狼山有什麼不好？據他的傳記第七章第四節中說：「南通狼山相傳是大勢至菩薩的道場，寺廟極多，香火極盛，管廟的住持很多，都是俗不可耐的酒肉和尚，內中識字的很少，更不用說懂得經典了。」這種情形，當我上山之時，稍微好轉，已有幾位在外參學的人了，其中的曼陀住過金山寺，葦一做了上海玉佛寺的方丈，育枚也是太虛大師的學生之一，我的師祖朗慧，也在九華山的江南佛學院求過學，我的曾師祖貫通，先當丹陽海會寺住持，又到玉佛寺受了記。懂經典的人，雖尚不多，但已沒有不識字的和尚了。

可惜張四先生六十七歲時想把狼山改為叢林的構想，當他七十四歲去世之際，並未能夠實現分毫。但他已為狼山成立了一所僧立小學堂，教導未來的小和尚，並選了兩個可以造就的年輕和尚，送去他辦的師範學校讀書。但此二人畢業返山辦學，頭腦較新，全山的守舊者，一致排擠他們，終於在張四先生的支持下，還俗結了婚。當我上山之時，這兩位返俗的狼山和尚，均已是五十開外的人了，一個姓竇，仍在那所小學堂裡教書，教的卻不是山上的小和尚，而是山下的村童；一個姓張，在山上的藏經樓閉門閱藏。

關於狼山和尚的「惡俗」，連我的上人們也常提到，我曾聽我太師祖筍香老人（當時也有五十來歲）說過這樣一個笑話：有一天張四先生來狼山遊覽，要找一個和尚陪他，許多老和尚都走了上去，這些老和尚，多半蓄起了一大把俗不可耐的鬍子，四大人拉住其中的一個就問：「和尚！你把頭髮剃光，反將鬍子留起，這是什麼道理？」

這個老和尚支吾了好一陣，答不上話，只好張起口來哈哈地傻笑。四大人一連問了幾個，都是一般的老木瓜，就命他們把鬍子通通刮光。倒是一個青年和尚，在旁插進來說：「削髮除煩惱，留鬚表丈夫。」

張四先生一看，這年輕和尚答得不俗，於是笑著說：「嗯！將來你可以留鬍子了。」

這個青年和尚，也就做了四大人那次遊山的遊伴。他是誰？就是後來去讀師範而返俗的張居士，但我看到他時，雖已兩鬢斑白，並沒有蓄起鬍子，大概是留了頭髮就不留鬍子了！

老一代的已經凋零，年輕的一輩也漸入晚景，狼山和尚的水準雖已逐代提高，狼山的盛況卻在急速地褪色之中。我，正好趕上，做了狼山的末代子孫！當我離開大陸時，狼山已經殘破不堪，到了民國五十五年（西元一九六六年）六月，大陸掀起了「紅衛兵」的狂潮之後，又從大陸離開的人士口中，透過新聞的報導，使我知道狼山的大聖菩薩，已被紅衛兵抬下山來，在南通城裡遊了幾天的街，最後用「公審」來把菩薩的木雕像「槍斃」了！至尊至靈的大聖菩薩，此時此際，也不顯靈了，眾生的業力，真是可悲可怕。

本來，狼山的香火，也為南通帶來繁榮，狼山的附近，大家多靠大聖菩薩生活，也因大聖菩薩而發財，商店、小販、工人，乃至乞丐，都沾了大聖菩薩的光，從五山門到狼山的山門，皆是香店、飲食店、雜貨店；從山腳沿途到山頂，盡是雜貨攤、小吃擔、水果販，還有大大小小老老少少的乞丐群，即使乞丐群，他們並不真的窮，只是「靠山吃山」罷了。

香客與遊客之中，有些有錢有勢有地位而又喜歡擺場面的人，上山之時，便坐轎子。當我上山之後，這已不常見了。

狼山並不太高，但它卻是南通的五山之首，所謂五山，便是狼山、軍山、劍山、黃泥山、馬鞍山，狼山位於軍山與劍山之西北，又在黃泥山與馬鞍山之東南，五山毗連，狼山居中，以狼山最高，也以狼山最著名；以其所占面積而言，亦以狼山第一，軍山第二，劍山第三，馬鞍山第四，黃泥山居末。五山之中，軍、劍、馬鞍，皆只一座寺院，住著三二僧侶；黃泥山已一半下江，上有卓錫庵一座；狼山則有七個房頭，數十僧侶，乃是五山之中的最大道場。

大聖菩薩是誰

狼山的開山祖師，是大聖菩薩，其歷史詳載於《南通州五山全志》，我曾見過此書，但因當時年少，未能讀懂其文。至於大聖菩薩在狼山的歷史，我只聽到傳說：說有一位行腳僧，到了狼山，見到山勢靈秀，便想在此落腳，但在當時的狼山，全為狼群蟠踞，大聖菩薩即向狼王情商，借與一衣之地，以便打坐修習，狼王以為一衣之地只是小小的一塊，所以慨然允許了；想不到，大聖菩薩將他的披衣一展，竟將整個的狼山全部蓋住了。狼王見了，知是大士化現，所以率領全體狼群，離開狼山，渡江而南。從此，江北不再有狼，為了紀念狼王的慨然相讓，這座山也就一直叫作狼山。

大聖菩薩究竟是誰？是什麼時候的人？為什麼稱為大聖菩薩？

相傳，他是一位外國人，他的名字叫作僧伽，大聖兩字，是後人加上的尊稱。在《宋高僧傳》卷十八的〈感通篇〉中，有著頗為詳細的記載：他是一位神異卓著的高僧，在他生前，常有神通變現，逝後直至很久，仍有很多的靈異，且比生前更多，更為普遍。但在這篇傳中，並未提到南通的狼山，在狼山的化跡，可能也是在其逝後的事了。

《宋高僧傳》的〈唐泗州普光王寺僧伽傳〉，有一千八百字左右，在高僧傳的比例中，是較長的一篇傳記，可見他在當時的影響力是很大很廣的。現在抄摘其部分，用饗讀者：

釋僧伽者，葱嶺北何國人也。……詳其何國，在碎葉國東北，是碎葉附庸耳。伽在本土少而出家，為僧之後，誓志遊方，始至西涼府，次歷江淮，當龍朔初年也。登即隸名於山陽龍興寺，自此始露神異。……嘗臥賀跋氏家，身忽長其床榻各三尺許，莫不驚怪；次現十一面觀音形。……

由此，奇異之蹤，旋萌不止。中宗孝和帝景龍二年，遣使詔赴內道場，帝御法筵，言談造膝，占對休咎，契若合符，仍褒飾其寺曰「普光王」。四年庚戌示疾，敕自內中往薦福寺安置。三月二日儼然坐亡，神彩猶生，止瞑目耳。俗齡八十三，法臘罔知。在本國三十年，化唐土五十三載。……

敕有司給絹三百疋，俾歸葬淮上，令群官祖送，士庶填闉。……帝以仰慕不忘，因問萬迴師曰：「彼僧伽者何人也？」對曰：「觀音菩薩化身也。」……

中宗敕恩度弟子三人：慧岸、慧儼、木叉。

代宗敕中官馬奉誠宣放，仍齋捨絹三百疋，雜綵千段，金澡罐，皇太子衣一襲，令寫貌入內供養。……

天下凡造精廬，必立伽真相，牓曰「大聖僧伽和尚」，有所乞願，多遂人心。……

太平興國七年，敕高品白承睿，重蓋其塔，務從高敞，加其累層。……又將欲建浮圖，有巨木三根，沿淮而下，至近浮橋且止，收為塔心柱焉。……

弟子木叉者，以西域言為名，華言解脫也。自幼從伽為剃髮弟子，然則多顯靈異。中和四年，刺史劉讓，厥父中丞，忽夜夢一紫衣僧云：「吾有弟子木叉，葬寺之西，為日久矣，君能出之？」……僖宗皇帝敕以其焚之灰塑像，仍賜諡曰「真相大師」，于今侍立于左，若配饗焉。

我們從這一些摘錄的片段中，可以知道，僧伽大師，自唐高宗龍朔元年（西元六六一年），就到了中國，至唐中宗景龍二年（西元七〇八年）坐化，其間有很多神異，因其曾現十一面觀音相，所以後人以為他是觀音化身。其後所顯神異，直至唐僖宗中和四年（西元八八四年），仍有神異顯現。其間已歷二百二十三年的時光了。

事實上，由「天下凡造精廬，必立伽真相」的情形看來，僧伽大師的逝後化跡，已經遍及「天下」。最初稱為「大聖僧伽和尚」，後來便簡稱大聖菩薩了，「大聖」一詞，本為佛陀及高位菩薩如文殊大士等的尊稱，既然僧伽大師是觀音化身，稱為大聖，自亦合理。但在狼山的大聖菩薩，全號是「大聖國師王菩薩」，一般均以他是大勢至菩薩化身。

又在《佛祖統紀》卷四十所載：唐中宗神龍三年（西元七〇七年），敕高安令崔思亮，往泗州迎僧伽大師，他是西域何國人，唐高宗時到洛陽，行化至泗州。「師既至，尊為國師，出居薦福寺，帝及百僚皆稱弟子，度弟子慧儼、慧岸、木叉，御書寺額。」又說：「四年三月三日，僧伽大師坐亡，敕於薦福寺漆身起塔，忽臭氣滿城，詔令送歸泗州，俄芬芳帝里。」

因此，在狼山的大聖菩薩，便號為「大聖國師王菩薩」。最奇的是，大聖菩薩的頭上是毘盧帽，身上是大龍袍，據佛制說是不倫不類的，為何穿龍袍？未見記載。

狼山大聖，最能與《宋高僧傳》中符合的，便是他的弟子，木叉尊者的「侍立於左」的塑像。僧伽大師，共有三個有名的出家弟子，但在狼山，僅有木叉尊者一人侍立於其左側。從這一點看來，狼

狼山上頭戴毘盧帽、身著大龍袍的大聖菩薩

山大聖的道場，當是僧伽大師逝後數百年間才興起的。

泗州，在現時的安徽省內，這與江蘇的南通有著很多距離，僧伽大師的道場，便是泗州境內的普光王寺，他的舍利塔，《宋高僧傳》中也說仍在普光王寺，南通的狼山，不是僧伽大師的根本道場，是很明顯的。但到後來，「大聖僧伽和尚」的「真相」漸漸不為「天下精廬」所「必立」了，泗州的普光王寺也沒有狼山著名了，這也是事實。

《宋高僧傳》提到「建浮圖」，並有「巨木三根，沼淮而下」，而被「收為塔心柱」。狼山頂上的支雲塔，位在大聖菩薩的正殿之前，高聳入雲，頗為莊嚴雄偉。相傳也有一個故事：說是有一個工人，擔著兩段木頭，來到南通，經過城內，便留下一段，到了狼山，又留下一段，並且自我推薦，說他自己是最優秀的木匠。當時的狼山，正在興工，建造寶塔，但是塔基總是打不穩固，塔的重心總是捉拿不定。他說他有辦法，然而他只天天抱著他所擔來的那段木頭摸來摸去，摸了一個多月，也沒摸出一點名堂來，造塔的工頭，對他不耐煩了，便對他下了逐客令，他卻要求著說：「再做一、兩天，寶塔就要完工了，現在只剩最上兩層的整理工作了。」工頭聽他語無倫次，便把他趕走了。當他走了之後，工頭很生氣地把他留下的那段木頭，重重地往旁邊一拋一擲。想不到，就在這一拋一擲之間，奇蹟出現了，那段木頭之中，竟然裂開了一座美輪美奐的寶塔模型，只是頂上兩層，細工還沒有完成。狼山的寶塔，就照這座模型建造的，建造之後，塔基從未發生問題，上面幾層，卻常遭到風災與雷擊，到民國之後，還曾被雷打壞過一次。狼山的寶塔建成功了，南通城裡也以另一段木頭做模型，造了一座寶塔，直到我離開南通時，山巔與城裡的兩座寶塔，還在遙遙相望，屹然無恙。這一個傳說，雖與《宋高僧傳》所載不同，但也頗有近似之處。

當然，大聖菩薩的神異靈感，雖到晚近，在蘇北一帶，依舊遐邇聞名，其神蹟之多，自非《宋高僧傳》中所能盡載。又如狼山大聖的正殿建築，也有一段神異：據說工匠們正為大殿後牆的三番兩次地倒塌而煩惱之時，突然從山下上來一個和尚，他教工人把每塊兩尺多長半尺多厚的大青磚，在地面上像鋪地基磚一樣地鋪好，然後用他兩手將這道數十丈長、數丈高的大殿後牆，就地一托，便像托一張大紙板那般輕鬆地把後牆豎了起來。大家看得目瞪口呆，過一會正要感謝這位和尚的時候，這位和尚已經去得無影無蹤了。從此以後，這道牆再也沒修理過，看來像是一道石牆，其實也只是磚砌的牆。

七個房頭

狼山有七個房頭，從最下面算起是：準提庵、三元宮、法聚庵、福慧庵、白衣庵、四仙祠、鼎新庵，大山門前面的大雄寶殿供的釋迦世尊，乃是狼山最大的一座建築。山頂上是廣教禪寺，便是大聖菩薩的正殿所在，共有五進，依次是二山門、樂善門、念佛樓、禹王殿、地藏殿、韋陀殿、大聖殿。寶塔的基層，前是地藏殿，後是韋陀殿，寶塔純以橙黃色的琉璃銅瓦蓋成，可以沿梯而上，直至最上一層，層層均有朱漆的鐵欄柵，飛檐的每角懸掛綠色的大銅鈴，最高處是金色的塔頂，周圍則是雪白的塔壁，從山下仰望，就會使人悠然神往，一旦登至塔頂，簡直猶如羽化而成仙。由塔上西望，俯瞰馬鞍山與黃泥山，遠眺則是滔滔的長江，北望南通城景，在迷濛之中，東可先看黎明的日出，南有軍、劍二山為屏障。如到狼山觀賞，而不登塔，那是最大的遺憾了。不過專為還願敬香而來的香客，則又很少上塔觀賞，他們的理由是：塔下有地藏與韋陀二位大菩薩的聖像，沿塔而上，人也走上了二位大菩薩的頭上，他們是來還願求福與懺罪的，不能因為登塔的緣故反而損福招罪！這一種虔敬的態度，實在可敬可佩與感人。

塔前有一口大蓄水池，稱為太平池，用以儲存雨水放生，也可預防不測的火警。但是，這一口太平池，另有其他的用途；不知是誰發明的，從塔上向池中拋擲銅幣，可以卜知命運的好壞，如果爬得愈高，拋擲銅幣的命中率愈高，那就說明他的運氣好。因此，登塔擲錢的人很多，命中池內的固然不少，投在池外的也是不少，所以，有些小乞丐們，整日地候在池邊，等著拾錢。池中的錢，數字也頗可觀，曾有一度，它可以供給幾個挑水伕的經常工資。

山頂的廣教禪寺與山麓的大雄寶殿，乃是七個房頭所共有的。廣教寺的收入，全靠香火，除了香客布施的香錢與燈油錢，單是殘香殘燭的收入，也就很可觀了。所謂殘香與殘燭，是指剛被點燃即為香伙撤下息滅的香燭，這不是狼山的和尚貪財，實在是不得已的作法，如其不然，整個的大聖殿上，就要變成火焰山了，全部的殿宇也要變成一堆炭了。香客們為了表示誠心，多數帶來很多很多的香燭，十斤、二十斤，乃是平常事，往香爐燭台上一放，就是一大堆，一人如此，許多人都是如此，大聖殿上，豈能容得下？好在香客們都能諒解到這一層，他們只要點燃了，奉獻了，即使他們尚未來得及叩頭禮拜，香伙就把他們的香燭撤下來息滅了，他們也不會抗議。於是，成綑成包的香燭，由香客們送上山來，又是成籮成擔地運

廣教寺全景

下山去，這一筆收入對於狼山，也是很可觀的。

狼山的七個房頭，去山頂的廣教寺「當年」，是一年一換，七房輪流，也就是每七年之中有一年輪到住在山頂上，以這一年的收入，即可維持七年的生活，每年農曆十二月初八日，辦理交接典禮，這是狼山上一年一度的唯一盛典；每年自正月初一到正月十五日的半個月中，廣教寺的收入，屬於七房共有，這一規格，是為了維持各房的經常費而立的。

狼山的七個房頭，雖然同屬臨濟宗廣教寺的派下，各房的經濟則各自獨立。因此，七房之中，由於人才的不一致，也就貧富不等，人才多的房頭，聲望高，財產也多，除了狼山的收入，他們還有田產，沒有人才的房頭，那就只能餬口了。狼山的全盛時期，我沒有看到，當我於民國三十二年（西元一九四三年）秋天上山出家的時候，正值抗戰末期，香火已經很差，但我依舊見到了昔時景況的一個迴光返照。那時的日本人已經沒有那股凶殺的氣焰了，多數的日本軍人，也虔信佛教，日軍到狼山，皆知脫帽行禮與跪拜，日軍的官長，也都能夠保護佛教的道場，日軍不住寺廟，甚至還寫了告示送交狼山張貼，告諭日軍要保護寺廟，乃至保護山上的樹木，這些措施，也是很有效的。所以，雖有日軍到了狼山挖掘工事，寧住山下的篷帳，也不住山上的寺廟。

我出家的這個房頭，叫作法聚庵，民國三十二年（西元一九四三年）正在山頂「當年」。七個房頭中，以白衣庵的人才最多，白衣庵的子孫，有好幾位曾在外地求學，其次算是四仙祠，民國三十八年（西元一九四九年）之前，上海玉佛寺的方丈葦一法師，就是四仙祠的子孫；再數便是我出家的法聚庵了，本來，三元宮人才也不少，但在張季直的時候，有兩個年輕才幹的和尚，還了俗。我當時所見，最大的房頭是白衣庵，有十幾個和尚，法聚庵有六、七個和尚，三元宮有五、六個和尚，準提庵、福慧庵、鼎新庵，每房僅有一個大和尚與一個小和尚。狼山的氣脈，到此已經走向下坡。傳說中的盛況，只在傳說中了。

一到民國三十四年（西元一九四五年），抗日戰爭，終於勝利了，抗戰勝利，乃是全人類的好消息，也是中國全民經過了八年苦戰而得到的成果，這該是令人興奮的一件大事。但是，曾幾何時，恐怖的氣氛，籠罩下來了，昨天還見他上山來玩的人，今天早晨已躺在十字路口的血泊中了；今天見他是有說有笑的人，明天已被「紮」了「粽子」，沉在河溝裡了；上午還見了面的人，晚上就被「栽」了「倒蔥」。在山上，夜夜可以聽到淒厲的狗吠，夜夜可以聽到驚恐的手槍聲。狼山四周的人，凡是有些名望的或者好出鋒頭

作者出家之房頭——法聚庵，當家師父之寮房及客廳。

的，現在，天天有人躺下去，也天天有人失蹤了。狼山的香火，已經沒有了，大家生活在人人自危的恐怖之中，遠道的固然不敢來，附近的也怕外出走動了。

因此，狼山這個地方，也許大聖菩薩的化緣盡了，所以，出家人無法生存了。各房頭的出家人，比較有活動能力的，一個個都向外走，所剩下的只是個把兩個老和尚與老道人，留著看守。我們的法聚庵，在上海有一座下院，四仙祠也有一座下院在上海，同樣叫作「狼山大聖寺」，一座在虹口，我們那座是在滬西，於是，狼山的出家人，多半集中到了上海的兩座大聖寺。

第五章　哀哀父母

父親的笑

民國三十二年（西元一九四三年）冬天，我的母親不放心我在山上的生活，特地過江上山來看了我一次，相別僅僅數月，母親見我長高了好多，面色也白胖了一些，這才放了心，她在山頂上住了一夜，第二天就下山了。大致上說，我能從鄉下人家的茅草屋裡，來到聞名於長江南北的狼山出家，她是滿意的；但是山上的生活，吃的方面，卻出乎她的意料之外，在她以為，狼山還是以前那樣的「錢山」，「錢山」上的和尚，是不應該吃得這樣差的。自然，我的俗家的生活，並不比狼山更好，其實是更差。所以我的母親是笑著下山的，因為她是小腳，我送她下山，一直送到離開狼山很遠，我才回頭。

民國三十三年（西元一九四四年）夏天，我曾回江南的俗家一次。那時我回去，父母親對我似乎頗感失望，因我仍然穿著上山去時的衣服，那是我母親在兩年以前給我用粗布做的，此時，雖然未破，但已顯得舊了。我出家了一年，狼山的師長並未給我做一件衣服，即使後來，直到我離開狼山，到了上海，趕經懺，進了佛學院，也未給我做過一件新衣服。一則，這時的狼山窮了；二則，狼山有一個不成文的規矩：小和尚未改裝，固然是穿俗家的衣服，小和尚落髮改裝時，也應由俗家做了全套的僧裝為小和尚的落髮而恭賀，並且還要俗家拿錢出來辦素筵供養師長，大宴親友，這一規矩是很有意義的，今日的泰、緬等國，俗人出家，也都有著這樣的風尚。可惜以我那個貧窮的俗家而言，豈能如此的作法呢？我把這個規矩告訴了母親，她還為我難過了很久，她是怎麼也不會想到，送一個兒子做和尚，也像嫁女兒要陪上這樣大的本

作者的父親

錢。

那次我回俗家，只住了三天，但我覺得俗家的事物和環境，樣樣都是值得留戀的。我在小時頑皮種下的幾株小樹苗，這時已比我的人還高了，有的已經開了花結了果，小時候二哥為我做的兩艘玩具木船，還靜悄悄地躺在屋角落裡；我讀過的書籍，還被母親包得整整齊齊地擺在衣櫥頂上；我的鉛筆、鉛筆刀、玻璃彈子以及貝殼小皮球等，都被母親收藏得好好的，似乎還在等著我回去。從這些事物的保存，可以看出母親對於我懷念的深切。所以她要這樣對我說了：「你為什麼只請三天假呢？過去，當你倔強淘氣不聽話的時候，我真恨不得把你送掉，但在你上了狼山之後，身邊又像少了一樣什麼東西似地感到不慣；想來想去，你總算是你們兄弟之中比較乖的一個。最難得的，是你自己知道讀書，也肯讀書，不像你的大哥，那時在江北，家裡有錢送他去讀書，他卻寧可跟著野孩子們拾狗屎，說什麼也不肯上學，好像學堂裡的先生是老虎。唉！你呢？情形恰恰相反，我們做爹娘的竟又無力栽培你。」

說良心話，我的父母讓我去狼山出家，並不是由於佛法的理由，鄉下人根本就沒有聽過半句佛法，哪能懂得什麼是出家的勝義呢？僅知道狼山是個錢山，狼山的和尚是財神，所以，送兒子去狼山出家，就等於送兒子去登天享福。雖然如此，母親也是在半肯半不肯的心情下，甚至可說是在無可奈何的情景下把我送出家門的。

當時我才是個十五歲的大孩子，在俗家住了三天，真想再住幾天，陪陪母親，尤其在那年的春天，我的二姊因為難產而新死不久，母親感到特別地傷痛，她每天都會泣不成聲地提到我的二姊。母親的確是要悲傷的，到了晚年來臨時，最小的兒子出了家，等於死了一半，最小的女兒，又不幸早亡！

但是，狼山的規矩，小和尚一年只准回俗家一次，每次三天假，因我的俗家住在江南，來回的水陸路程就去了兩天，所以，連頭帶尾准了我五天假。如果逾假不歸，雖不致發生什麼嚴重的問題，但那總是給了師長們一個不好的印象。出家人不該顧俗家，狼山也最忌諱子孫顧俗家，所以，小和尚如果沒有事，最好不要回俗家。

俗家是回不得的，然而，小和尚的服裝，仍得由俗家來負擔。

民國三十五年（西元一九四六年）春天，我在上海的下院，已經正式趕經懺了，穿著俗服，披上水紅色的麻布七衣，雜在師父們之中，天天出堂做佛事，齋主人家知道我是小和尚，倒也很少計較，我的曾師祖——下院的當家，卻覺得看不順眼，所以念著要我改裝，但又捨不得為我花錢剪布。我是聽在耳裡，難過在心裡，出家已經兩年多了，還沒有穿上僧服，自己何嘗不急？

終於，我的父親冒著斷糧挨餓的勇氣，賣掉了幾擔麥子，請鄉下的土裁縫，做了幾件僧裝的棉衣，親自送到上海。父親還對我抱歉似地說：「你們的娘，眼力不行了，她也不會裁剪和尚衣，請了裁縫，嘴上雖說會做，做得卻不像樣，布料也很差。這些年來，鄉下一直在亂，粗重的活計，我已做不動了，你的哥哥嫂嫂，自顧生活不暇，所以也幫不上手腳。唉！這些衣服，我雖送了上來，但還不知道你敢不敢穿了它們在上海見人。不管怎樣，你且穿著試試，看看合不合身？」

我是照著父親的意思做了。滿意，當然是說不上的，但是畢竟是父母的血汗、父母的心呀！父親見我歡天喜地，他也開心地笑了，這一笑，似乎就已值回了他全部心血的代價！

就這樣，我就算是改裝了，反正俗家沒有錢，所以，一切的儀式也都免了。我的狼山的師長們，不太重視律制，似乎也缺少了一些人間應有的溫情。也許是由於生活艱難與時局動亂的緣故罷！所以，我也並不埋怨什麼人，如要埋怨，應該是埋怨自己的福薄。

噩耗

我出家之後，直到如今，一共回了三次俗家。

第一次，就是民國三十三年（西元一九四四年）的夏天。

第二次，是在民國三十四年（西元一九四五年）的秋天。

第三次，是在民國三十七年（西元一九四八年）的秋天，那時候，我已離開了小廟，已經進了上海靜安寺的佛學院。那也是我最後一次回俗家。那次，因為我的母親病危，特別派我的三哥到上海接我。那次，我是在氣急敗壞的情況下，向學院裡請准了假，跟著我的三哥連夜趕回鄉下去的。

我們乘的是火車，那是我第一次乘坐了京滬線上的火車，坐了三等車廂的夜班車，從北站乘到無錫，下了車等了三、四個小時，才天亮。我的三哥，在鄉下是滿靈活的，到了上海，竟顯得土頭土腦，那副鄉巴佬的神情，卻又處處為我著想，把我當作公子哥兒，他自己好像是個跟包的聽差，在他以為，在上海念佛學院的「小老爺」，一定不能像小時候那樣地禁得起折磨了。買了三等車廂的車票，他老覺得對我不起似地，上車之後，到處為我找座位，但是，車廂裡早已擠滿了，跑車幫的男男女女、綑綑包包、籮籮筐筐，以及一些苦力和軍人，又到哪兒去找座位呢？他從頭一節車廂擠到末一節車廂，也沒有找到一個空位。最後，還是一位好心的軍官，給我讓出了半個位子。至於我的三哥，他就坐在那位軍官的行李上面，那位軍官，真是一位好心的人。

從無錫換乘內港航行的「小火輪」，秋季的內港水路很淺，水底到處長著像孔雀尾似的水草，汽艇的葉槳，不時地跟水草糾纏，航行了一程，必須停下來清理一次。內港的兩岸都很高，港面不太寬，秋天的太陽又是有名的秋老虎！就這樣行又停停地航了一整天，受了一天的罪，到天黑之後，才算航到了不能再向前航的地方下了船。

我和三哥抵達家門的時候，已是午夜時分了。

俗家的四周，除了唧唧的蟲聲，靜得幾乎使我感到恐怖，但也沒有什麼不幸的跡象可以看到。三哥要我放開嗓子叫門，好讓父母高興一下，我就照著做了：「阿爸，開門哪，我和小阿哥回來啦！」

屋裡還是靜悄悄地沒有一絲動靜。當我喊了三聲之後，父親才應聲出來。父親把昏黃的油燈撥亮，他顯得很疲乏、很蒼老，帶著憂慮而又欣慰的表情對我說：

「你們的娘已盼望好幾天了，這幾天，天天都在念著你，她說今晚，你一定能夠到家的，所以一直沒有睡著，剛才我還沒有聽到叫門，倒是你們的娘把我推醒了。」

阿彌陀佛，感謝佛菩薩的保佑，母親尚能見到我哩！我聽完父親的話，心上的一塊石頭，總算放了下來。

當我迫不及待地走到母親的床前，我還沒有開口，倒是母親先喊了我的名字。她的神情，顯得很愉快，雖然一個像小山似的大肚皮襯托出那張焦黃而乾癟的臉龐，看來令人心酸。

「不要緊的，我的病，前天有人送來一張專治水腫的祕方，吃了些時日就會好的，今天我也覺得舒暢了一些，精神也好了一些，要是一直像三天以前那樣，恐怕今天我已見不到你了。」

我尚沒有想到應該用怎樣的話來慰問母親，倒被母親首先安慰了一番。我正想說一句什麼話的時候，母親又接著往下說了：「早曉得如此，你小阿哥的這一趟上海，也是多跑的，害得你急急忙忙地趕了回來。其實嘛，生病等於享福，我一生難得休息十天半月的，這一來，我倒可以安安靜靜地什麼事也不用去做了。唉！只是辛苦了你們的爹，裡裡外外，都由他去張羅，前幾天我病重的時候，一連幾天幾夜，他都沒有闔一闔眼，要是我再不好，只怕也要把他累倒了！」

聽到這裡，我真想放聲大哭，我還能說什麼呢？俗說：「養兒防老，積穀防饑。」當父母老病了的時候，我們做兒女的，竟然不曾發生絲毫的作用！父母時時為兒女著想，處處替兒女打算，做兒女的又為父母著想了多少，為父母打算了多少？母親到了這樣病重的時候，始終沒有為自己擔憂，倒是體惜她的兒女、體惜兒女的父親。

母親見我在暗暗地飲泣，於是，她的語調，放得更加平靜、更加慈祥了：「你難過什麼呢？你姆媽不是還在好好地和你說話嗎？你回來了，我比什麼都高興，你比幾年以前長高多了，今天夜深了，你們兄弟倆在路上也很辛苦了，到明天，再讓我仔細地看看你。不要哭，又不是十歲、八歲的小孩子，見了久別重逢的姆媽，還要訴苦嗎？」

經過母親這麼一說，我倒反而覺得不好意思了，一個出家數年的人，感情還會如此地脆弱。可是，直到現在，回憶起當時的情景，仍不免要淚眼模糊地俯首啜泣！

的確，我的回家，對於母親的病，很有幫助。我天天陪伴著母親，許多的事，母親都希望我替她做。母親有著說不完的話要對我說，每次說了幾句又不往下說了，似乎，由於我的出家，已使母子之間隔了一道牆壁。但她告訴我一些有關我童年的往事，聽了那些非常可笑的事，我笑，她也笑。我勸她念佛，她說她已念了很久了。她對我的一串玻璃念珠很喜歡，拿在手上不停地數，可惜那是我向監學守成法師借的，回上海時又向母親要了過來，沒有能送給她。她的睡眠增加了，飲食也增加了，有時也能勉強著坐起來了。她看看自己的大肚皮，往往會從嘴角上泛起一絲苦笑，因為她也知道，凡是害上了這樣的病，在一個鄉下的窮人來說，痊癒的機會根本是非常地稀少，什麼藥物、什麼祕方，頂多是拖延一些時日而已。同時，母親也很相信「藥能醫病，不能醫命」。所以她也坦然地對我說：「今年我已是六十歲的人了，你們兄弟姊妹也不用我照應了，能趕在你們爹的前面先走一步，倒是我的福氣……。」說到這裡，她便戛然而止，不再往下說了。但我已經聽出她的弦外之音，那就是養兒育女不中用，老倆口子還得相依為命，如果晚走了一步，臥病之後，又有誰來悉心地照顧？我是不用說了，我的三個哥哥，老大、老二，都已分開來住，老三雖跟父母住在一塊，也有妻子的生活負擔，一天不做一天不能生活。縱有孝子，豈有老伴那樣地體貼。父母看兒女是肉裡的肉，兒女看父母是皮外的皮，雖然是一樣地痛，痛的程度卻不同！我的母親，豈不是已經體驗到了這一層道理？

我不是善於流淚的人，當我想到這裡，竟又情不自禁地流下了熱淚！我雖希望在家裡多住一些日子，我的身分、我的學業、我的假期，卻要把我從母親的身旁拉走。在家伴著母親住了半個月，母親的病況，沒有惡化，心情雖較開朗，但也沒有痊癒的跡象。

我是不能再住下去了。母親也天天問我為什麼還不走？她是不希望我走的，卻又硬要趕我走；為她自已著想，為我前途著想，她是矛盾的、痛苦的。

終於，我是走了。終於，我也得到了喪母的噩耗！

那是過了兩個多月，接到了我二哥從他做工的紗廠打來的電話，那是上海小沙度路的一家拉絨廠，他說他與大哥、三哥，在農曆九月上旬，已經把母親的後事料理定當，請齋公做了一天「道場」，母親的靈柩，暫時葬在我家附近的租田上，三年以後，再將遺骨送到張氏祖宗的祖墳中去。他說，因為遵照母親的遺命，沒有通知我回鄉奔喪，一則顧慮我的學業，再則顧慮路上太亂。但我深深地抱怨，家裡為什麼連信也沒有給我一封？

哀哀父母

母親對於我的照顧，一直到她死了之後，還在庇蔭著我，處處為我著想。至於我這個兒子呢？我竟想不出曾有過表示孝心的事。所謂「樹欲靜兮風不止，子欲養兮親不待」，母親沒有等待到我能夠有力奉養她的時候，她就去了！事實上，縱然她能一直等到現在，在現實的局勢下，我又有什麼辦法去奉養她呢？可憐，我連母親的忌日是哪一天，都不知道啊！

民國三十七年（西元一九四八年）的冬季，學院放了寒假，我決心要回俗家走一趟，但是，當我乘火車到了無錫，因為新四軍的勢力已經到了我的家鄉，內港沒有船了，公路的汽車也不通行了，要是步行回去，第一路途不熟，第二危險很大，在百多里的旅途之中，隨時都可能遇到變故。不得已，只好折返了上海。

過了民國三十八年（西元一九四九年）的農曆新年，我俗家的人，多半都到了上海，他們是我的三個哥哥、兩個姊夫、一個嫂子、一個堂姊、一個表姊。鄉下鬧得天翻地覆，所以老百姓都活不成了，大家都來上海餬口了，家裡僅留下父親一個人。我問他們，父親的情況怎樣，他們只說老年人總比較好些，大概不會有危險，其餘的，他們也不得而知。他們都是冒了生命的危險，步行到上海的，從家鄉到上海，晝伏夜行，忍飢耐餓，費時半個多月，也是夠他們苦的了。

然而，當我要報名從軍的前夕，去曹家渡的一個亭子間裡看他們，他們又準備著步行還鄉了。這時的共軍已經控制江南的大局，並且已到了崑山。他們聽說對於自動還鄉的人一律寬恕，否則，等到迫令還鄉，性命就難保了。唯有一向在上海擺豆漿攤的大哥，他是聽天由命，不動聲色。因此，當我離開上海的時候，我俗家的人，又僅剩下我大哥一個人在上海了。我將部分東西裝了一箱，留在他那裡，並且請他代我向父親告假，說我已經去了臺灣、還了俗、當了兵，能否再有相見的機會，誰也不能預料，請他老人家保重，也請幾位哥哥好好地孝養父親。

一晃之間，我來臺灣，已是十八年了，父親如尚健在，也該是七十八歲的人了。但願他老人家在三個哥哥的孝養中，晚景很好，過得很平安。然而，誰又能夠如此地肯定呢？何況，我的父親在他五十多歲以後，就已患了胃病！

我的父母雙親，現在何處呢？究竟怎樣了呢？父親的健康？母親的靈？

《詩經》的〈蓼莪篇〉說的「哀哀父母」，我豈不就是那樣的人嗎？在生之時不能奉侍孝養，母親命終又不能奔喪。縱然那天是我父母的壽辰，我也不得而知呀！

有什麼補救的方法呢？做為一個出家人，在無可奈何的情形之下，我唯有每天在佛前為父母的健康和超生而祈禱。

在廣大的人海之中，我的父母實在算不得什麼，既無赫赫之名，也無什麼建樹，乃至連對子女的教育費用也籌措不出。但是，人間的安立，如果人人是大人偉人，究竟要誰來做小人物呢？我的父母，乃是標準的普通人，是安分守己的平凡人物，沒有強烈的欲望，對於生活卻從不失望。

我曾聽父親常常勉勵我們兄弟：「一群鴨子在河裡游，各有一條路，大鴨游出大路，小鴨游出小路，不游就沒有路。但看我們自己的力量如何，不要嫉妒他人，也勿輕視自己。」

有一次，幾位鄰婦和我母親聊天，忽然有人拿我來做評論的對象，有一位鄰婦把我預言得不能再好，另一位卻不以為然，她們最後的結語是在好壞兩可之間：「好則住在樓上樓，不好則在樓下為人搬磚頭。」我的母親這時也說話了：「樓上樓當然好，搬磚頭也不錯，只要他不做賊骨頭，我就放心了。」當時聽得大家哈哈一笑。

現在想來，父母的話著實夠我受用的了。

第六章　上海與我

上海外灘

我第一次到上海，是在民國三十三年（西元一九四四年）的十月間，那尚是汪精衛偽政府統治的時期。第二年夏天，我又回了狼山。

上海這個地名的歷史，可以追溯到二千二百多年以前的戰國時代，那時是楚國春申君黃歇的封邑，所以又稱為申江，本來只是一個縣名，又因縣北有一條河流叫作滬瀆，所以也可簡稱為滬。到了清朝宣宗道光二十二年（西元一八四二年），因為林則徐燒掉了英國人從印度運至廣州，用來換取中國銀子並毒害中國人民的大批鴉片，引起了鴉片戰爭，打敗了中國，訂了中英江寧條約，中國從此奉送了香港，也開放了五大海港，稱為五口通商——廣州、廈門、福州、寧波、上海，從此，上海便成了外國人吸吮中國血的一個下口處和一根輸血管，洋貨內銷，金銀外流。到了道光二十五年，英、美、法的「租界」，也在上海次第成立；那是中國領土內的外國世界，在中國地界犯了法，乃至姦淫殺戮了中國人，進入租界，便有「治外法權」的庇護，中國人對他們就莫可奈何！因此，外國人在上海的橫行霸道，直到抗日戰爭結束，才算解了凍，放了手。但是，上海這個地方，似乎也就因禍得福，現代化的建築，機械化的工業，電氣化的生活，當初是為了外國人自己的利益，最後卻成了中國人意外的收穫。

說到中英條約，也能使我們想起，在那次的國恥之中，基督教的傳教士，得到了條約的保護，大批地湧到了中國各地，在他們「破除迷信」、「打倒偶像」的「傳教」聲中，中國原有的習俗與宗教，特別是佛教，到處受到了破壞，致使引起中國人民普遍的不滿，教士受到中國人民的「懲罰」，教案也就頻頻發生，每次教案之後，總還是中國倒楣，一次又一次的條約簽訂，一次又一次的鉅款賠償，在傳教士與列強帝國主義的配合侵凌之下，中國哪得不窮？現在的許多中國人，卻把基督教當作大恩人來逢迎了，想來真是一大諷刺。

當然，基督教是宣傳博愛的，是主張「愛敵人」的，在今日的美國，基督教在「靈的多元主義」的信仰下，也都能夠互相容忍，表面上也都能夠相互尊重不同信仰的人。但在一百數十年以前，耶穌先生騎在砲彈頭上飛到中國來的時候，那副面目，該是多麼地醜惡！

基督教是不主張殺人的，但在明末清初的時代，外國的傳教士們，為了達到在中國傳教的目的，不惜為朝廷製造火砲，取寵皇帝，而轟殺朝廷的敵人——中國的人民，比如羅如望及陽瑪諾為明熹宗製砲；湯若望及羅雅谷為明毅宗製砲；南懷仁為清聖祖鑄造鐵砲等等。我真弄不懂，難道說，這些就是基督教所謂「博愛」精神的表現嗎？民國以後，由於倒戈將軍馮玉祥信仰基督教，竟然沒收了河南大半的佛教寺產。也許，這就是基督教的本質——富於排他性、獨斷性、暴力性，為達目的而可不擇手段的本質罷！正如近代英國大哲學家羅素，對於基督教的批評所說：「就基督教逐漸減少迫害的限度而論，這是多虧了一些自由思想家之勞績，他們曾經使那些獨斷主義者減少獨斷。倘若他們今日還是像昔日一樣的獨斷，他們會仍然覺得有理去把異教徒燒死在柴堆上。」（見世界書局《美國的宗教》一八八頁）

在俄國大文學家托爾斯泰的自傳裡，對基督教的信仰，也有這樣的批評：「那些當眾承認信仰正教的人，大概都是那些愚鈍、殘忍和自視甚高的人。能幹、誠實、可靠、良好性情道德行為等，反較常見於不信仰的人們之中。」

我無意反對基督教，只是從中國近代史的問題上，順便談談而已。現在，讓我們把注意點，拉回到我的本題。

上海，給我的第一印象是神奇而感到驚異的，我在黃浦江裡的船上，就已見到了一排排高大的洋房，那樣高高低低，好像是層巒起伏的山嶺，我真懷疑那些洋房是怎麼起法的？沿著外灘的碼頭，一列一列的電車，像是活動的房屋，在鐵軌上發出「吃剎吃剎」的怪聲，車頂上的電桿，像是鄉下姑娘的長辮子，偶然從電桿與電線的接觸處，冒出一片刺眼的火花。大大小小、形形色色的汽車，一長陣一長陣地奔來馳去。黃包車，在碼頭旁邊擠得滿滿的，那些光腳赤膊的車伕，見我們的輪船靠上碼頭時，都已離開了他們的車子，湧到了檢查站的閘門口。迎接旅客的人，除了車伕，還有許多旅館和客棧的茶房，只要一出檢查口，就有許多人蜂擁而上，搶著替你提箱籠夯行李，嘴上雖然說得很客氣，行動卻是極粗魯。為了爭一個旅客，他們之間也可能打上一架。如果是一個第一次到上海的鄉巴佬，簡直會被他們的舉措嚇呆，他們不是拉生意，而是名副其實地搶交易，要是耳目略微遲鈍，一轉眼，你的行李會被他們搶得不知去向了。

那次，我跟著朗慧師公初到上海，雖然都是道地的鄉下人，好在有一位狼山的信徒，乃是「的的刮刮」的上海人，由於他的陪伴同行，我們是「篤定泰山」了，非常順利地喊了兩部黃包車，一直拉到了滬西憶定盤路的大聖寺。

坐在黃包車上，使我盡情地做了一次對於上海市的遊覽觀光。上海市的範圍，的確大得驚人，從外灘到滬西，黃包車走了個把小時，若從滬西一直走到徐家匯土山灣一帶，只怕還得加上一倍以上的時間。看看黃包車伕，臭汗淋漓，氣喘如牛，可見這一碗飯是多麼難吃，坐在上面，真覺得於心不忍。

我們有一座下院在上海，它沒有恆產，僅靠做經懺維持門庭。由於南通的狼山缺人照顧，故在半年之後，便把我送了回去。可是民國三十四年（西元一九四五年）八月抗日戰爭勝利以後，又有戰爭在江北展開，山上無法安身，所以到民國三十五年（西元一九四六年）春天，我又第二次到了上海，從此以後，就沒有再回過南通了。

不久，狼山各房的人，大部分都到了上海，上海的兩座大聖寺，就做了狼山子孫的避難所。

兩座大聖寺的歷史都不久，滬西的一座，到抗戰期間才由一班在上海經商的南通人，發起籌建，聘請我的曾師祖貫通老人擔任住持。

滬西大聖寺，在範圍及氣派上，都比虹口的大，重疊著起的一座大殿及一座天王殿，尤其是天王殿，既高又大，普通的三層樓，沒有它的高，它有三大間，中間供彌勒與韋陀，兩邊兩間，可以同時容納二、三十桌的筵席。正殿兩側有兩排廂房，可以容納幾十個人的住宿。大聖寺的大門對著原來是法租界的海格路，進出道路卻開在右側的憶定盤路，門牌也屬於憶定盤路，因為抗戰勝利之後，失去了有力的護法，沒有錢，買不起地，築不起路，朝向海格路的出路，都被人家興建起了十多層高的大洋房，所以，此路不通了。即使寺內的裝飾和油漆等的工程，也都停擺了。

懺儀的淵源

我在上海的幾年之中，可以說都是過的經懺生活，在大聖寺做小和尚，固然不用說了，後來到了靜安寺，做了學僧，還是沒有離開經懺。

經懺，似乎是危害了數百年來的中國佛教。尤其是在清代的乾嘉以後，中國的佛教，只剩下徒有其表的空架子，佛教沒有人才，也沒有作為，大叢林，已跟社會脫了節，民間所知的佛教，就只有經懺薦亡的型態，維持著佛教的慧命！

我並不是咒詛經懺的人，經是佛陀宣說的，懺是歷代高僧編集的，咒詛經懺，就等於毀謗佛法，我是怎麼也不敢的。

這像是水能覆舟，水也能載舟，儘管由於水的緣故，毀滅過許多的生命，水的本身是沒有罪的。

所以，我在民國四十九年（西元一九六〇年）的九月一日，給《今日佛教》月刊，寫過長達一萬餘言的一篇文章，題目叫作〈論經懺佛事及其利弊得失〉，考察了經懺的歷史背景，也提出了我對經懺佛事的展望和看法，現在已被收於《律制生活》一書之中。因此，有關這個問題，我不想在此重加論列。

不過，我想補充一點，我在那篇文章的第三節中，曾經假設地說了這樣的幾句話：「佛教這種『消災』與『薦亡』的佛事，非常可能是受了道教所謂『作法』的刺激，所以應運而生，以資抗衡道教，免得道教在這方面優勢獨占。」這幾年來，從好些資料的蒐集中，證明我的假設，大致是正確的。我們知道，中國佛教的懺法儀軌，有史可考的是出於梁武帝的時代，那是一個道教盛行的時代，梁武帝本人，就是從道教進入佛教的，梁武帝對於道教的華陽真人陶弘景，有著相當的敬意。我們又知道，道教主要分為兩派：一是丹鼎，一是符籙，陶弘景就是屬於符籙派的兩大功臣之一，另外一個是寇謙之。凡是熟悉中國佛教史的人，都會知道三武滅佛的故事，其中北魏太武帝的滅佛運動，道士寇謙之，便是一個重要的人物。在寇謙之的重要發明中，有一部詭稱是受賜於太上老君的道書，叫作《雲中音誦新科之誡》，一共二十卷。這一部書，對於符籙派的道教，非常有用，道教的齋醮等作法的科儀，就是根據這部道書來的。我們又知道，北魏太武帝的太平真君元年是西元四四〇年，梁武帝蕭衍的天監元年是西元五〇二年，梁武帝的時代，比寇謙之當令的時代晚了半個世紀出頭，梁武帝接受符籙派的影響而授命於當時的高僧，從事於懺儀的編集，自是非常可能的。最有名的也是佛教史上部帙最大的一部懺法《梁皇懺》，就是那個時候的產物。《梁皇懺》的內容都是出於佛經及佛號的摘錄編集，《梁皇懺》的科儀形式，無疑是受了道教的影響，到了後來的水陸科儀之中，簡直就已摻入了若干道教的思想。這使得佛教流俗化而又產生了流弊。

由於現狀的需要，事實上，當時的佛、道兩教是彼此模仿的，可是，佛教吃了暗虧，正如朱熹所說：「理致之見於經典者，釋氏為優，道家強欲效之，則祇見其敷淺無味。祈禱之具於科教者，道家為優，釋氏強欲效之，則祇見其荒誕不切

矣。」（《文獻通考》卷二百二十五〈經籍考五十二〉）

說也難怪，佛教的修持儀軌，在佛教來說，也不是沒有本身的歷史根據，追溯起來，也與天神的崇拜有多少關係，那就是密教的開出。我們知道，佛教的密宗，從印度佛教的發展史上說，是屬於第三期佛教，那是受了婆羅門教梵天崇拜的影響而來。密宗特別重視曼陀羅的建立，若不建立曼陀羅，密法就修不成功。所謂曼陀羅，就是壇場的建立，儀式的規定以及法物的使用；那是藉著境界的統一和清淨，來影響並引導修持者內心的統一和清淨，以期達到修持者的身、口、意三業相應；再以修持者的三業，相應所奉本尊的三業，那就成了自他與生佛交融，使得修持者由於所奉本尊佛的無漏功德相應，而現起修持者的無漏功用。

這一套理論是可以成立的，而且也是相當有用的，但我們必須明白，這不是根本佛教的原始面貌。雖然律中的羯磨，就是曼陀羅之一，但對法物的使用，絕沒有密宗那樣地神祕，密宗在印度，正像中國的禪宗，同樣是屬於適應時代環境而發展出來的佛教。

中國佛教的經懺佛事，就是出於道教及密宗的兩大主流，各種懺儀是脫胎於道教，也有來自密教，焰口肇始於密法的修持，水陸則為懺儀及焰口的綜合與擴大，各種法器如鐺、鈴、鈴、鼓等的使用，也是淵源於密教。

這些本來都是做為自修或集體修持之用，而且均有其使用的道理，例如法器的使用，現在的經懺門中，不過當作伴奏唱讚的樂器，實則，直到現代的西藏密教，仍把法器當作幫助修持的東西，現在我將一位歐洲旅行家對此事的記述，轉摘於下：

> 沉重奇大的銅門，轟然一聲，關上之後，鼓笛鐃鈸喇叭齊奏，這很不調和的樂聲，有著一種神奇的力量緊扣著我的心靈。
>
> 我悄悄地請教那位龍鍾的老喇嘛（他的英語說得非常流利），這亂七八糟的鼓樂之聲是否有著一定的韻律。
>
> 他微笑著點點頭，出乎我的意料，原來這樂聲的配合，是經過上千年的研究而形成的，其目的在使參加大祭的人們貫注全神集中敬意。為什麼會有這樣大的影響？因為這些樂器的響聲，跟人體上發出來的自然聲響是相對的——人身體內的響聲，用手指緊塞兩耳不傳外音時，就可以聽出來。（**Amaury de Riencourt** 著的《西藏見聞錄》第十三節）

中國的佛事運用這些法器的時代也不太早，大概是從元朝喇嘛教流入內地之後，始逐漸地普遍採用。因在宋人天台學者志磐所著《佛祖統紀》之中，僅謂「真言宗徒，流於歌唄」，（編案：此句係引自《太虛大師全書》第十九編〈震旦佛教衰落之原因論〉：「……元代天台宗沙門志磐，作佛祖統紀，已謂『真言宗徒，流於歌唄』，則其由來久矣……。」而非直接引自《佛祖統紀》。）可知當時僅為真言宗的人歌唄吹拍。後來，禪、教、律、淨的界限漸失，密宗的成分也進入了顯乘各宗，我們查閱近代各家的課誦本，乃至律門的毘尼日用，無不持咒歌唄，可惜的是，末流的佛教，已不知其運用的道理，竟至於成為經懺門庭的工具，僧人墮落的淵藪，腐化佛教的象徵，迷信色彩的總和，我們身為如來的弟子，對此流弊之形成，必須要找出它的源頭，然後予以糾正和改良。

所以，我不反對經懺佛事，但卻不得不要求改良。

因為，經懺佛事可以做為聯絡信徒的橋樑，祝生、度亡、消災、祈福，乃是宗教必具的條件；齋僧、布施、誦經、禮拜，也確是佛陀鼓勵我們來做的遺教。然而，佛教的僧尼僅以經懺做為謀生的工具，佛教的寺院僅以經懺做為牟利的行業，那就太不合「法」了，也太罪過了。

所以，商業化的佛事，無異是我們自招侮辱，我們現的沙門之相，是為厭離生死，是為自求解脫而兼度眾生，豈能為了蠅頭小利而自貶身分？

我從經懺門中出來，知道經懺的功用，也知道經懺僧的罪惡與痛苦。下面是我經懺生活的自白，也可說是我對經懺生活的哭訴！

趕經懺

當我第一次到上海時，滬西大聖寺尚在初創階段，知道的人少，佛事也不多，只是剛從一個有家眷的和尚手裡承購下了一家殯儀館的經懺權，那是在大西路的樂園殯儀館。

第二次再由南通到上海時，抗戰已經勝利，市面一片復原繁榮的氣象，大聖寺的佛事，也漸漸做出了名，殯儀館的佛事又增了上天、靜安、白宮等三家，同時還有來寺做的，以及去齋主府上做的，遠的可以做到江灣、青浦等地，我們會上十多層高的洋房，也會進入竹片柏油紙搭架在臭水溝上的違章建築。交通工具，近處用不著，略遠的市區之內，經常是搭電車和公共汽車，我僅記得坐過一次小包車，卻乘過不知多少次的貨運卡車，因為凡做大佛事，莊嚴用品往往有十來大箱，我的職務之一是照顧這些東西的搬運。

大聖寺只住了一堂人，連自家的子孫及客師，一共不過八、九個和尚。所以，佛事多了就要翻堂；所謂翻堂，是用一堂的人，做兩家以上的佛事，這一家念完一卷經，馬上再趕到另一家去，然後又趕回這一家來。有時在本寺翻堂，往往是寺內與殯儀館之間翻堂，在一家殯儀館內的兩個乃至三個廳之間翻堂，以及兩家乃至三家殯儀館之間的翻堂，就這麼翻來翻去，趕來趕去，從來不坐汽車，因為單子很小，要是坐了小汽車，單子白做，恐怕還要賠上老本。所謂「趕經懺」，這就是最好的解釋，坐在寺內為人家念經拜懺，還不夠「趕」的資格。又所謂「應赴」，就是人家一請和尚，和尚們除非生了病，否則不論天寒地凍、積雪三尺、狂風暴雨，都是有請必應，有應必赴；所以，坐在寺內念經拜懺的和尚，也夠不上「應赴僧」的條件。我呢？既是趕了經懺，自然也是應赴僧了。像這般的翻堂，趕路的時間，多於做佛事的時間，所以趕字第一，經懺其次。

我到上海之時，對經懺尚一無所知，我的當家的曾師祖便開了我出堂而又翻堂的牌，我說：「我還不會嘛！」

「因為你不會，所以要你多學。」我的曾師祖真夠愛護我了。

「那麼，請你老人家先把我教會了再開我的牌。」

「我哪來這個閒空，哪家趕經懺的小和尚不是跟著大家拖出來的。」

「我這樣子，就能替人家做佛事嗎？」我是說我仍穿著俗裝，連一點和尚的樣子也沒有，齋主豈會要我？

「怕什麼？」曾師祖接著向我解釋：「沒有小和尚哪來老和尚？鄰庵西方寺的小和尚，前幾年還只有一桌面高，就把紅桌幃當衣用，披起來像模像樣地做佛事了。」

這倒引起了我的好勝心，至少我已不止一桌面高了，同時我也有點好奇，很希望見見那個「像模像樣」的小和尚。以後我常常和那個西方寺的小和尚「幸會」，每次在一起，我總感到自慚形穢，樣樣及不上他，唱念敲打，皮簧小調，他已是經懺行中的全才了。焰口台上他把木魚一敲，夜深人靜之際，他的「斡日囉」可以傳聞好幾條馬路，所以他是人見人愛，乾師父、乾姊，他有一大把，我憑什麼也比不上他。

但是，我雖不行，曾師祖還是把我當作「寶」，原因是我的單子，全歸常住，為使常住的收入增加，我就不得不忙了。

我也不知道從哪裡來的精力，天天跟著「師父們」趕進趕出，往往是日以繼夜，夜以繼日，白天翻了三個堂，晚上又要放焰口，焰口下台已是十點多鐘，拖著兩條腿子回寺，正想倒頭睡覺，偏又接到殯儀館的臨時通知，某某廳的某府要七個和尚繫念伴屍。剛接這家殯儀館，另一家殯儀館也來了電話，於是，夜裡也得翻堂。在繫念台上，坐中主壇的人，往往白了一段就又昏沉地睡了過去，旁邊的人推他一把，他竟又睡眼朦朧地找不到下文。我是經常被人驚醒：「小和尚要跌下來啦！」

這種情形，特別是在農曆七月，一個月下來，真要把我累死！

我的身體自幼病弱，十五、六歲的發育期間，正好趕上了經懺生涯。假如把這情形寫信告訴我的母親，相信她一定會勸我還俗，種田再苦，也不致有這樣的苦。但我好勝心強，從來未向俗家提起這種生活的苦楚，並且有一個自討苦吃的怪癖，人家愈是不給我體惜，我就愈加做得賣力。有一次我在感冒發燒，晚上出堂的焰口牌上卻照常開了我的名，我的太師祖筍香老人看不過去了，他代我向當家的貫通曾師祖抗議：「孩子正在發燒，你怎麼還要開他的牌？」

「唉！我真想讓他休養幾天，可是人手不夠，而且他是管理焰口台上電氣設備的人，實在沒有辦法啦！」

我卻連忙去說：「我好了，我可以去。」

那天晚上，大家都很關心我，筍香老人壓低了聲音責備我說：「你這孩子真傻呀，人家是拿你牽著羊兒當馬騎，只認得錢，我幫你去說，你倒充好漢。」

幸好那次我沒有因此病倒，第二天，當家的貫通曾師祖也給了我一些參片，並向我說了好多獎勵的話，使我聽得心花怒放，畢竟他老人家也是疼我的。

出醜

既然趕了經懺，我也用心學習經懺，可是，學會了一般的佛事，卻沒有學成花式的佛事，一般的佛事，跟跟就能跟會，花式的吹打演唱，那是要另拜師父專門學習的，有的需要學上七、八年、十來年咧！有一次出堂做「鬧場」的花式佛事，其中有一場叫作「跑方」的節目，那是邊唱邊吹，邊敲邊打，一邊則以陣式隊形的穿插變化的一種表演，臨時缺一個人，硬把我拉進去湊數，可是，跟著兩個隊形一變，我就被他們拋在一旁了，第二次入隊，又照樣被拋了出來，真叫我出盡了洋相，旁觀熱鬧的男男女女，拍手打巴掌地笑得前俯後仰，我是只恨地下少了一個讓我鑽進去的洞。

又有一次，是在焰口台上，齋主包了紅包送到，他的要求是請和尚老爺們唱幾曲，而且是極其內行地點唱，一套〈嘆骷髏〉唱完，接著是唱〈嘆七七〉，唱的詞意和韻調，也均能有發人深省的力量。可是接下去再唱，竟是點的〈小尼姑下山〉，和尚老爺居然照唱不誤。「小尼姑下」了「山」，我這個小和尚，就被齋主認準了，一定要我唱，我哪一輩子學過這些東西來了？結果拉拉扯扯，弄一個大家沒趣。為此，我傷心了好幾天，貫通曾師祖也鼓勵我趕緊點學，幾乎我也真的學了，但在不久之後，我已是靜安寺佛學院的學生了。現在想來，放這種焰口真罪過，當把題外的戲曲唱完，下半台焰口的速度，就像房子失了火，一下子飛快趕完，草草地下台。

大聖寺的子孫，除了貫通曾師祖，本來誰也不會經懺，但在現實生活的壓迫下，我的師父、師公、太師祖，以及我和我的徒弟（僅小我一歲），也都學會了經懺。不過，我們大聖寺的子孫，直到我離開之時，誰也不會花式佛事，故在我初到上海時，凡要花式經懺的，一概回絕。到後來，由於蘇北的時局，愈鬧愈險惡，一些做經懺的「高手」，有些也到了上海，大聖寺內，就住了好幾位這樣的「高手」。因此，為了常住生活的維持，人住多了，開支也大，凡有佛事，來者不拒。

其實，佛事雖多，經懺僧的經濟生活並不因此好轉；比如大聖寺內雖有兩個小和尚做著義務經懺，雖然經懺很忙，但是大聖寺的經濟，並不富裕，做一個當家，也真不容易。因為單子很小，一個和尚念一天經，還不如一個小工的工資，殯儀館的佛事，還得被帳房間扣去佣金。所以，我沒有見到一個終身趕經懺的和尚發了財。

鬼月

做為一個經懺僧，乃是出賣的青春，年紀輕，嗓音好，能唱、能念、能演，加上再能吹打，相貌又好，他就會受到各寺廟的歡迎，齋主歡迎，同住的師父們也歡迎。如果年紀一過四十、五十，那就人老珠黃不值錢了，到了晚年，若無自己的小廟可歸，很可能連死的地方也找不到一處。有一次，常州天寧寺的退居證蓮老和尚，就這樣告訴過我：「天寧寺往往在天亮後打開山門之時，會發現出家人的屍體躺在門前，那都是趕了一生經懺的出家人，死無葬身之地，所以送到天寧寺的門口來死，希望天寧寺布施幾十斤柴炭，抬到化身窰裡燒掉。」可見經懺僧的下場是何等地淒涼！

縱然如此，許多參禪學教的出家人，京滬線上幾家大叢林及佛學院的清眾與學僧，每年也會到上海及南京的經懺門中去「趕七月」。

民間迷信陰曆七月是鬼月，所以很多人家要追薦亡魂。這是根據中國古代祭祖的遺規而來。到了北魏時代，太武帝崇信道教，道士們竊取了佛教的盂蘭盆會及僧自恣日的觀念，配合了道教所立三官的信仰，定正月十五日為上元，七月十五日為中元，十月十五日為下元，假說中元日地官下降論定人間善惡的理由，道士應在此日的夜間誦經，以解脫餓鬼。其實這全是佛教的東西，所謂地官下降，是採自佛教所行六齋日天神下界巡察人間善惡的思想，所謂解脫餓鬼，也是學自佛教的產物，佛教未傳中國以前，中國尚沒有地獄及餓鬼的詞彙。

在佛教的信仰，七月十五日是出家人除夏安居的「僧自恣日」。《盂蘭盆經》中說：目犍連尊者為了超度他墮在餓鬼道中的母親，佛陀教他在僧自恣日，設齋供僧，以此功德而使他的亡母超生，所以又將此日稱為（救濟倒懸之苦的）盂蘭盆會。

根據律中所說的僧自恣日，是出家人在解夏之時舉行的生活檢討會，互相之間，彼此請人檢討各自在這安居期中所犯的過失。因為出家人經過三個月的安居修持，必有很多人已證了果悟了道的，所以佛陀也感到很歡喜，因而又稱此日為「佛歡喜日」。又因為供佛供僧，在剛悟道時的功德最大，所以勸人應在僧自恣日設齋供養。

道教利用佛教的盂蘭盆日而倡中元節度亡，佛教的地藏王菩薩，發願要度盡地獄的一切眾生，地藏王的生日正好又在陰曆的七月三十日。於是將這些信仰混合起來，就變成了中國民間盛傳的「鬼月」，說什麼一到七月，鬼門關開放，所以家家戶戶，基於慎終追遠的孝道思想，便在七月間祭祖及超度。僧尼、道士也就因此而忙碌不已。

於是，一些禪和子與學僧，為了找幾文零用錢，就去「趕七月」。這純粹是為了經濟問題。

說來真夠慘痛，中國佛教衰頹，癥結很多，經濟問題則為其主因之一，乃至唐武宗的滅佛、清末民初的廟產興學運動，多少也是由於佛教的經濟問題所引起。因為中國佛教，始終沒有一套可大可久的經濟制度，財產屬於個別的寺院，寺院屬於夠資格的住持，住持只知看守寺產與累積寺產，卻不能為教團的大眾謀福利，以致縱然寺院中有財產，教團的大眾卻是一貧如洗，以致不得不以做經懺來找一點零用。

第七章　學僧天地

僧教育運動

我的小廟生活，到民國三十六年（西元一九四七年）春季，便結束了，因自那時開始，我做了靜安寺佛學院的插班生。

說到接受佛教的教育，真是感慨萬千，因為自古以來，中國佛教就不曾有過系統化及永久性的教育制度與教育機構，佛教的教育都是從實際的修持生活中完成，是潛移默化，而非計畫性的普及教育。一般學教的人，追隨大德法師聽經，聽久了，只要能夠把註疏熟背，他也就能講經，正因為是背的註疏，所以能講經的法師，未必真的徹底明瞭經義的內容所在。縱然如此，宋、明以後的講經法師，數目也是不多。至於學禪的人，只是在禪堂裡死用功，他們不求知解經教，但求見性開悟；可惜，禪定的工夫，也應有人指導方可，否則，盲修瞎參，無濟於事。正因參禪開悟的人太少，故有宋初的永明延壽禪師倡出「禪淨兼修」的主張，以念佛求生淨土為方便，到了明末，又有蓮池袾宏大師提倡「禪淨一致」之說。於是，參禪念佛、念佛參禪，便成了晚近數百年的佛教教育。不用說，在這樣的佛教環境之中，除了極少數根器深者憑個人的努力而得學養修持的成就之外，多數的僧尼，便無從求學佛法，也無法成為人才。

一味地參禪念佛，在修持者本身，當可獲得信仰的真受用，但在對外的教化方面，除了少數傑出的大德之外，一般的僧尼便無能為力了。所以，全國雖有數百萬的僧尼，他們給佛教所起的作用，倒是成反比的，僧尼愈多，佛教的負擔愈重，因為他們給予社會的觀感是無用之輩。所以，到了清朝末季，中國佛教便面臨到兩重致命的打擊：

一是從清文宗咸豐元年至穆宗同治三年（西元一八五一——一八六四年）的太平天國之亂，將東南十六省的佛教，摧毀殆盡。此事我已在《基督教之研究》第五章〈基督教與佛教的影響及價值〉第二節「基督教與中國佛教」有所論列。

二是清德宗光緒二十四年（西元一八九八年），湖廣總督張之洞著《勸學篇》三卷，奏呈光緒皇帝，主張「中學為體」、「西學為用」，也就是基於中國儒家的根本思想，採用西洋的科學技能，以挽救滿清帝國的危亡。他主張應在全國急速建立新教育制度，由於清廷的財政困難，加上張之洞的排僧思想，他便把目標指向了佛教，建議用廟產興學，他說：今日天下的寺院，何止數萬，每都市有百餘座，大縣數十座，小縣十餘座，各寺均有田產，寺產原屬信眾施捨，今以廟產興學，最適時宜。他的具體主張，是將寺舍的十分之七移作校舍，寺產的十分之七移作教育經費，餘則留給僧侶的生活所需。

因為佛教沒有人才，佛教未有自求保障的力量，所以，張之洞的《勸學篇》一發表，各地共鳴，廟產興學的運動，一時風行全國，沒收寺產，乃至搶奪寺產，致令數十萬寺廟，百萬以上的僧尼，張惶失措，無以自救（見日文《講座近代佛教》〔講座近代仏教〕第一卷二一〇—二一二頁）。唯於不久之後，光緒皇帝被慈禧太后幽禁，維新運動即告滅。可是，《勸學篇》當時刊行了十萬部，三年之後又譯成英文，被列為清末的中國名著，其對中國知識（統治）階層的影響之大，可以想見。故到民國成立後，張之洞的陰魂不散，民國十七年（西元一九二八年），又有身為內政部長的基督教徒薛篤弼，成立「廟產興學促進會」，沒收寺產，興辦學校。到民國十九年（西元一九三〇年），國民政府又頒布「監督寺廟條例」，規定所有的寺廟財產，應依其多寡而用以經營小學校、圖書館、救濟院（孤兒院、養老院、保育所）、貧民工廠、合作社等的社會慈善福利事業。

這在本質上說，佛教不用政府監督，也該自動地做。

因此，寺院的住持們，為了保護寺產不被政府沒收，清末之際，竟有依賴日本的保護而請日本向清政府交涉的。此可引錄東初老人的一段話，來做介紹：

日人目覩我國佛教遭受國家社會摧殘，遂效法西方耶教徒來華傳教方法，引誘中國僧寺受其保護，當時杭州就有三十多寺投入日本真宗懷抱，遇有佔用寺廟，搶奪寺產，就由日本領事出面保護，因此引起外交風潮，中日雙方交涉結果，日本真宗先取消寺產保護事情，後清廷政府始下詔保護佛教，並令佛徒自辦學校，各省始有僧教育會產生。各省寺院當局，亦知非興辦僧學堂，不足以保護寺產。當時日人水野梅曉於長沙設辦僧師範學堂，江蘇文希（亞髡）於揚州設立普通僧學堂，浙江之寄禪、松風，北京之覺先等，南北呼應，實為當時佛教界創辦僧教育之領袖人物。（《佛教文化之重新》的〈智光大師與中國佛教〉；另可參閱《太虛大師全書》第二十九冊〈文叢〉四十六、四十七頁）

由此可知，中國佛教的近代教育，是由政府及知識階層逼出來的。上引文中所說的水野梅曉，是日本曹洞宗的學者，他於光緒二十八年（西元一九〇二年）到浙江天童山，禮如淨禪師的塔，因得當時天童山住持寄禪的勸請，便於光緒二十九年至長沙，創辦「湖南僧學堂」，建立了中國佛教新的僧教育風氣，這是中國新僧教育的第一所學校。（道端良秀的《中國佛教史》二九〇頁）

第二所僧學堂是由文希法師主辦的揚州天寧寺普通僧學堂，鎮江及揚州諸山負擔經費，於光緒三十二年開辦，除佛學之外，有英、日等外文，日文由日人道揚居士擔任，學生之有名者，有焦山的智光及金山的仁山。

第三所有名的近代佛教教育機構，要推楊文會居士於光緒三十四年在南京金陵刻經處創辦的「祇洹精舍」。召集僧俗佛子十數人，除了研究佛學及國文，並由蘇曼殊教授英文，以做進修梵文及巴利文的基礎。學生有太虛、智光、仁山、觀同、歐陽竟無（漸）、梅光羲等，雖僅十數人，但對民國以後數十年間的中國佛教，影響至為深遠。

民國三年（西元一九一四年），有月霞法師依上海哈洞花園，設立華嚴大學，輾轉遷移至杭州的海潮寺及常熟的興福寺，此有應慈、持松、了塵、慈舟等人，繼承分枝，自成一個華嚴學派，來臺灣的智光、南亭、道源等諸老，均與這一學派有淵源。

祇洹精舍辦了兩年多，由於經費困難，所以停辦，曾在該舍擔任佛學講師的諦閑老，稍後於復興了寧波的觀宗寺之際，民國八年（西元一九一九年）設立觀宗學舍，後來改名為觀宗寺弘法研究社，由此也形成天台學的一派，分出高郵的天台宗學院、天台山國清寺研究社，此派出有寶靜、倓虛、常惺等諸老，臺灣的斌宗法師，也是屬這一系的法匠。

民國十一年（西元一九二二年），太虛大師在武昌設立佛學院，這是近代中國僧教育的一大重鎮，由這所武昌佛學院的成立，正如太虛大師自述：「不惟影響於青年僧甚大，且於學術、文化及政治、社會各方面，均有相當影響。」因為武昌佛學院後來演變為世界佛學苑圖書館及研究院，直屬於此而分設於外的，則有法尊法師在重慶設立漢藏教理院；常惺法師也仿照著在廈門開創閩南佛學院，此院於民國十六年（西元一九二七年）後交由太虛及其門下的芝峰、會覺、大醒、寄塵等繼辦。另外又有大醒及心道，於福州鼓山辦了鼓山佛學院；大醒及寄塵，又在潮州設立嶺東佛學院；寄塵及容虛則於九華山開辦江南佛學院；慈航則於安慶設立迎江佛學院；常惺、台源、法舫、容也、量源等又分別在北平的柏林寺、法源寺、拈花寺，辦了佛學院。此外尚有慕西及淨嚴的河南佛學苑、寬融的普陀佛學院、妙闊的陝西慈恩佛學院、昌圓及廣文的四川佛學院、永昌的貴州佛學院、靜嚴的焦山佛學院、大醒在江北的覺津學院、談玄在奉化的雪竇學寺、芝峰及亦幻在寧波的白湖講舍。這些均與太虛大師的這一學派有直接間接的關係（以上資料見於《太虛大師全書》第二十九冊〈文叢〉五十、五十一頁）。現在臺灣的賢頓、東初、印順、樂觀、默如等諸老，以及在馬來西亞的竺摩長老、在菲律賓的瑞今長老，都是出於這一學派。

其他還有江蘇的竹林佛學院、玉山佛學院、法界學院、光孝學院、棲霞學院、北平的弘慈學院、湖南的祝聖學院等，這些佛學院中也均有太虛學派的學僧，參與施教；又如後起的常州天寧佛學院、上海玉佛寺佛學院及靜安寺佛學院、浙江武陵佛學院，也均與太虛學派有關。

在上海，尚有一座圓明講堂，這是圓瑛老法師主持的楞嚴專宗學府，圓老對楞嚴是由親證實悟而自立一宗，現在臺灣的白聖長老，便是圓老的上足。

女眾教育方面：則有武昌佛學女眾院、恆寶尼主辦的菩提精舍、德融尼辦於漢口的八敬學院；女居士張聖慧主辦於奉化的法昌學院、女居士過聖嚴主持的無錫佛學會、女居士張蓮覺創辦於香港的東蓮覺苑等。（見《太虛大師全書》第二十九冊〈文叢〉五十一、五十二頁）

在家學佛的教育機構，則有歐陽竟無及呂秋逸（澂）等設於南京的支那內學院、韓德清及徐森玉等設於北平的三時學會、段芝泉及湯住心等設於上海的菩提學會。此與僧教育雖無何影響，然於學術界的作用很大。（見《太虛大師全書》第二十九冊〈文叢〉五十三頁）

說到此處，我們尚須明白，以上的許多佛教學院，列名的也不過四十多家，其中有的僅辦一屆便停，正如太虛大師說的「曇花一現」，若以中國僧尼及寺院總數來做比例，這就顯得貧乏，以中國大陸來比今日的臺灣一省，由民國三十八年到五十六年（西元一九四九—一九六七年），已有二十多家學院在此起彼落地開辦與停辦，這就顯得臺灣的佛教教育已比早年的大陸時代可喜得多。

可是，談到中國佛教的現代教育，我們不要忘了四位功臣。第一位是八指頭陀寄禪和尚，中國第一所僧學校是由他的鼓勵而出現，中國佛教會的前身——中華佛教總會，也是由他領導全國各省在清末組成的僧教育會的改組而來，他老人家也為護教而於民國元年（西元一九一二年）在北平示寂，此一組織到民國二年（西元一九一三年），已於全國各省縣設立支分會三、四百起。

第二位功臣是楊仁山（文會）居士。

第三位功臣是太虛大師。

第四位功臣是歐陽竟無居士。

我們談論現代中國的佛教教育的啟蒙，如果遺忘了這四位功臣，那就無從介紹其根源。

但是，我們仍應感到慚愧，我們各地寺院的住持們，大多沒有想到教育的問題，沒有想到要使他們的下一代接受什麼教育。至於已經辦了佛教教育的各家佛學院，也很少真的全力以赴。其中影響近代中國佛教最有力的是祇洹精舍、武昌佛學院、閩南佛學院、漢藏教理院、支那內學院。這是由楊文會、太虛、歐陽竟無所辦。唯其由於各家佛學院之間，既無縱的組織體系，也沒有橫的聯絡機構，所以在學制、課程、教材、學級等方面，都沒有統一。直到現在，已經過了半個世紀出頭，中國佛教的教育問題，依舊停滯在草創階段！

然而，福薄如紙的我，畢竟也受到了近代佛教教育的恩賜。

我進了佛學院

我的教育程度很差，在南通狼山出家之後，不到一年，便被上人帶到上海的下院，在滬西大聖寺趕經懺，一連趕了將近兩年的經懺，小和尚幾乎要變成老皮參了。當時，上海靜安寺，正在鬧著子孫派與十方派的糾紛，在形勢上，十方派占著上風，所以力圖興革，整頓寺規，舉辦教育，以資爭取社會及輿論的同情，於是，在民國三十五年（西元一九四六年）的秋天，靜安寺的佛學院，便應運產生。我在小廟上得到這個消息，心裡就打妄想，並把這個妄想告訴了上人，但是上人的看法，以為我的程度是絕不夠去讀佛學院的，我雖天天趕著經懺，連一個佛字，還不懂得解釋，連一封普通的家信還寫不像樣，還打什麼讀佛學院的妄想呢？事實上，上人不准我去讀書的最大原因是不放我走，我雖沒有正規地學過經懺，但是跟著趕了一個時期，我對小廟上的經懺佛事，已有很大的幫助，除了不能戴毘盧帽和敲磬領單子，普通的法器犍椎，已能拿得起手了。經懺門庭中的小和尚，用處很多，除了為常住免費做經懺，又可以當作半個小佬用，上海做佛事，當時已是電氣化了，焰口台上有牌樓、有珠塔、有吊掛，按上大小燈泡，使焰口台裝飾得金碧輝煌，我便是掌管這套電氣設備的人，如果我去讀書，對於上人，無異是一大損失！

因此，半年過去了，第一學期沒有趕上；到了夏天，我便積極地爭取，終於讓我達成了目的。這有兩個原因：第一，狼山的鄰庵有一位育枚法師在靜安寺佛學院當了教務主任，他也從旁再三鼓勵，要我的上人送一個小和尚去讀書，狼山七個房頭，我出家的那個房頭，從未出過一個出人頭地的人才，所以我的上人被育枚法師說服了；第二，小廟上又從南通帶來了一個小和尚，使我有了替身。

這是非常有趣的，憑我的程度，說什麼也不夠資格進佛學院，插班生是要通過考試的，這使我煩惱了好多天，直到臨去報到的前夕，才由我的師公朗慧代做了一篇短文，題目是「我的志願」，要我把它背熟了，好在臨場運用，這篇短文我是背熟了，但到靜安寺教務處，出的題目卻是「我對佛教的將來」。真是要命，我對佛教毫無認識，過去的不認識，現在的也不認識，哪能看到佛教的將來呢？但我呆想了一會，還是把我師公代寫的那篇短文，默寫了一遍，戰戰兢兢地繳了卷。

該是多麼幸運，當時就給我閱卷，育枚法師看了，還頻頻點頭，並且傳給其他幾位法師，然後便以教務主任的口吻對我說：「你的字要多練。」隨即便請監學守成法師給我送單。

這簡直使我高興得幾乎要掉下淚來，那麼順利，那麼簡單，便通過了一場入學考試。

現在想來，我師公代寫的那篇短文，也是馬馬虎虎的，也許他故意要投合我的程度，才寫得那樣地馬虎，但我竟憑那篇馬虎的短文，考進了靜安寺佛學院。

我後來知道，其實，憑教務主任介紹的學僧，即使不用考試，也會通融入學的，在我以後進去的就有好幾位同學，便是單憑一紙大牌法師的介紹信而來的。

正因如此，同學們的程度，參差不齊，有的已經在好幾個佛學院裡畢過業了，有的便像我這樣的蹩腳生。

這也正是佛教教育的畸形現象，在一家學院畢業便等於在家家學院畢業，如想繼續求學，只好多跑幾個學院，多炒幾次冷飯，教國文，不出《古文觀止》與《昭明文選》，教佛學，不出《八識規矩頌》與《百法明門論》等幾種常用常教的東西。

當時我的實足年齡尚不滿十七歲，是全班同學中最小的一個，直到民國三十七年（西元一九四八年）夏季畢業，我還是全班最小的一個。不過我的身材，卻是應該坐在後面聽課的人了，故也很少有人欺侮我小的。

但在最初兩、三個月，我幾乎天天打算退學。因有兩大困難困擾著我，使我在課堂裡如坐針氈那樣地難於忍受。第一是我的程度太差，比如圓明法師講《八識規矩頌》，使我聽得如入五里霧中，圓明法師現在雖已於日本還俗，但在當時，卻是最嚴肅的一位法師，平時臉上沒有一絲笑容，上課時更是令人望而生畏，講解《八識》與《百法》的名相，那麼呆板、那麼生硬，老同學聽得沒有興趣，我這新生卻又摸不著邊際。其他的只有靜安小學的校長許老師，雖然教的是算術，但他頗能引起我們的興趣，他總是笑咪咪地給我們上課。現在想來，那該是教授法的緣故。

第二是語言上的困難，我俗家在江南，出家到江北，又到上海趕經懺，我能講常熟話與南通話，也會講崇明話與上海話，算來已經是不錯的了。但我除了育枚法師的《古文觀止》，與許老師的算術，能夠完全聽懂之外，其他的就感困難了，因為育枚法師是南通人，許老師是上海人。圓明法師雖然也是南通人，但他講的如皋話。其餘如南亭法師的泰州話、白聖法師的湖北話，我都不能完全聽懂，這是最最急人的事了。課講得最好的卻是南亭法師，最希望聽的又是白聖法師的精神講話。

幸好，他們上課，多半有寫黑板，老同學們程度高資格老，很少有人抄筆記，甚至還在上課之時看各人愛看的書，平時更少把工夫下到功課上去，因為這些功課在他們已是家常便飯，聽也聽厭了。我是不敢放鬆的，我的要好心很強，上課時除了用心地聽，也不放棄黑板上的每一個字，下課之後，乃至到了晚上自修，我便整理筆記，不懂的便請教老同學。當時，我的人緣很好，大家都很願意幫助我，不過有時候也會笑我神經過敏，小題大作，不該注意的也去打破沙鍋問到底。

就這樣，半年下來，民國三十五年（西元一九四六年）冬天考試結果，育枚法師對我的成績很滿意，他想我是他介紹進去的，能在四十多位同學之中考到第六名，並未給他丟面子。

其實，我雖在成績單上考到第六名，我在實學方面，還是一個蹩腳生，成績單只能說明我對功課已經下了一番生吞活嚥的死工夫而已，但我是食而不化，我在試卷上照著課本的形式寫下答案，卻不能夠運用那些答案而變成我自己的學問。我在靜安寺一連住了五學期，成績都在五、六名之前，民國三十七年（西元一九四八年）夏季，靜安學苑以其試辦兩年屆滿，在畢業的時候，我的功課是第一名，但以年長同學的面子關係，在經懺上我又不能戴毘盧帽的緣故，所以行持分數稍差而將我的畢業證上填了第三號。說來好笑，靜安學苑的行持分數是以做經懺的程度而定。然我非常慚愧，我今日的一點學問，雖與靜安寺的基礎有關，在靜安寺所學的卻未能使我得力。這都是由於我程度太差的緣故所致。

糾紛

靜安寺是上海唯一最古老的寺院，建自三國的孫吳，千餘年來，成為上海的一大名勝古蹟，但以歷代興革戰亂，寺中的古蹟遺留，已不復見，巡禮寺中，亦如普通的寺院而已，論其規模形貌，還不如玉佛寺之盛大。

唯據志乘流傳，靜安寺向為十方叢林（載《上海縣志》及其他釋典），迄至太平天國的洪楊之亂，寺內僧眾星散，遂為一輩流俗僧徒，據而改為子孫寺廟。但自民國四年（西元一九一五年）以後，靜安寺的權屬問題，便又開始了紛爭的局面。現節錄中國佛教會上海市分會，於民國三十六年（西元一九四七年）六月十二日所發表的〈上海靜安寺十方叢林改制之經過〉一文如後：

迄民國四年（西元一九一五年），該寺住持正生歿後，其徒六根繼任，後以不守戒規，蕩用寺產，被當地士紳林稚周等控於上海縣公署，及江蘇省督軍省長公署，撤退在案。民國十一年冬，由滬上諸山代表會議，決定將該寺仍恢復為十方叢林，並經江蘇省長公署核准在案。自是之後，該寺為住持問題，多年興訟，終未獲決。

民國二十二年十二月十四日，上海市政府吳市長鐵城，鑑於該寺制度糾紛未決，影響社會至大，遂以第七九九四號訓令上海市佛教會。（略云，該寺本為十方叢林，並已於民國十一年恢復十方制度在案，自應予以維持，永定該寺為十方叢林，迅由上海市佛教會，召集上海諸山代表，公舉道行高尚之僧為該寺住持）民國二十三年一月二十三日下午三點，召集本市諸山會議，公舉靜安寺住持，當場票選圓瑛法師為靜安住持（再三謙辭，以寺糾紛日久，不欲冒然入寺）。至民國三十六年三月二十四日，始由當時住持六根徒孫德悟，函請律師致函佛教會，自願將該寺改為十方叢林。佛教會以改制選賢之舉，既出於該寺住持德悟及全體僧眾之請求，復有市政府法令之根據，爰於（三十六年）三月二十九日，在該寺召集諸山長老、護法居士，暨靜安寺全體僧眾，舉行會議，一致決定該寺改為永久十方叢林，以息爭端，並公推持松法師為改制之首任住持。（編案：原文可參閱《學僧天地》第一卷第二期，載《民國佛教期刊文獻集成》第

五十六卷，北京：中國書店，二〇〇八年）

從上錄文字之中，我們可以對於靜安寺的糾紛，得一概念了，但是，這是公文，在公文的背後，尚有著大文章哩！

我是在民國三十六年（西元一九四七年）春季到靜安寺的，靜安寺的糾紛，卻是由來已久，尤其從抗戰末期而至勝利之後的數年之中，鬧得最為激烈。我當時的年紀小，未到靜安寺之前，靜安寺的新聞雖然經常見報，我卻很少留心，去了靜安寺，除了忙功課，對於常住的糾紛，我也很少注意，要我們開會、簽字、舉手等等，一切均聽招呼，其中玩的什麼把戲，從來不加過問，其實，我去靜安寺，靜安寺的糾紛，已近尾聲了。

對於靜安寺的整頓，最大的功臣是密迦與德悟兩位法師。德悟原是靜安寺子孫派的子孫，他能把靜安寺改成十方道場，並請密迦協助，悉意改革，現在臺灣的妙然法師，就是德悟在泰州光孝寺的同學，所以也被請到上海辦佛學院。靜安學苑的開發元動，便是他們三位，其中以密迦的功勞最大，密迦極富想像力，也極有做事的魄力，不唯學院的規模，幾乎是完全出於他的策畫而來，也把充滿了迷信色彩的許多神像，全部遣了「單」。

可惜，德悟與密迦，因為悉意改革，並為附近寺產地皮的問題，得罪了許多的人，終於被人以「漢奸和尚」的罪名告下了獄，其實，像他們兩人也夠上漢奸的罪名，上海市民中的漢奸，那就太多了！在敵偽時代的抗戰期中，為了寺務的整頓而想不跟偽政府的軍政機構有所接觸，那是可能的事嗎？只怪他們有了給人家抓住了的把柄，又有什麼話說？

當德悟與密迦入獄之後，便請白聖法師代理了靜安寺的寺政，直到民國三十六年（西元一九四七年）三月二十九日的上午，德悟與密迦的官司定讞了，靜安寺才由白聖法師的維護與計畫之下，以閃電式的方法，請持松法師晉了山，當了首任的十方制的靜安寺住持。子孫派棋差一著，敗北而去！

持松法師是白聖法師湖北省同鄉，他也是中國近代留日學僧中最早而比較有成就的一位東密上師，他喜歡穿白色的衣服，曾到寺內來修過幾次密法，也許因他年紀大了，身體也很衰弱的緣故，或者是由於專心修持的理由，所以他僅擔任了住持的名義，一年之中難得來寺看我們一、兩次，靜安寺的一切寺務，仍由白聖法師全權代理。因此，我們學僧對於監院的印象，比對住持更加親切。

靜安學苑，雖然算不上是佛教界中有名的學府，而且歷史又是那麼地短，但是，我們的老師，還是夠水準的，比如南亭法師、道源法師、仁俊法師、育枚法師、妙然法師、圓明法師、本光法師、度寰法師、秀奇法師、林子青居士，以及幾位大學的教授和畢業生，至於來訓話的、客串的名法師，那就更多了，比如太虛大師、法航法師、能海法師、雪松法師、葦舫法師、天慧法師、呂秋逸居士等等。至於天天跟我們一起生活的監學兼維那——守成法師，那是更不用說了，除了上課的時間之外，都是屬於他管我們的時間，我們最最歡迎他的時間，是他捧了鈔票上堂點名發單銀；他當維那，佛事開牌是他的執掌。因此，也有同學不高興他，為什麼？因為他們只會站空班和拍鉿子，單銀太少。有一次一個同學侮辱我，被監學知道了，反而賞了我兩記耳光，真有意思。

學僧的苦悶

靜安寺，從歷史上說，那是上海最古的古剎，雖然經過歷代的變亂摧殘，寺中已經無法找到一樣數百年以上的古蹟，如果說它尚有什麼古蹟遺留下來的話，那就

作者十七歲時與守成法師（右）合影於上海

是一年一度的廟會香期。

這是純粹佛教化的香期，因為它是農曆四月初八的佛誕節。這與神廟的廟會，有著許多的不同，第一不唱戲，第二不供葷腥，第三不遊行，第四不發仙方不出籤條。但是，從四月初七的下午，直到四月初九的下午，敬香的、還願的、遊覽的、看熱鬧的，簡直是人山人海，通宵達旦，川流不息。

這對於靜安寺的利益不小，最大的收益是出租攤販的位置。從初五、六裡開始，寺內的執事及茶房，便在寺內、寺外的屋檐下及路邊上，用白漆劃定了攤位，編定了號碼，分成了等級；許多的食品廠、家具店、玩具公司、百貨公司、飲食販等都會自動來寺接洽，而且唯恐不及。

靜安寺雖也擁有不少的土地，可惜老早已被原先的靜安寺子孫，長期租了出去，每年所收象徵性的租金，實在可憐兮兮。

因此，學僧的生活及常住的開支，全靠經懺佛事來維持，經懺佛事的收入是有限的，主要的還是由於做經懺佛事而來的租廳開弔與代辦素席。

靜安寺除了執事教師與茶房之外，只有學僧，學僧是學僧，但也是做經懺的清眾。不過時間安排得很好，學僧每天有兩支香的行持，不論有沒有佛事，不論開不開牌，大家一律參加，每天一律拜兩支香的大悲懺，有一堂佛事就有一堂人去靈前早晚迴向兩次，中午上供一次，若有二堂、三堂，至翻堂，也是這麼多人，拜這麼多懺，維那開牌是輪著來的，不過會做佛事，能敲磬的，能戴毘盧帽的，機會多些。晚上自修課，如果有焰口，便放棄自修而去放焰口。凡做佛事，開到牌的，都有單銀，只是單子很低，比如我是比較會做佛事的學僧，除了不能坐正施食，樣樣都可以，收入單銀已可列為二、三等，但我記得，每月發一次單銀，只能買到三、四條的固本牌肥皂，想買一部《辭海》，要積蓄好幾個月，要添一件長衫，幾乎要等上半年。上海佛事，一般的單子低，我們學僧則更低。因為我們是以求學為主，學院的一切開支，全由佛事中來。學院的教職員則不發薪水，而以拆分小賬為報酬，佛事多，素席多，小賬也多，否則，便少。這一制度，似乎只有當時的上海才能行得通。

我們學僧的生活，以一般來說，已是水準以上的，京滬線上乃至浙江的幾家佛學院，生活過得都很清苦，我們靜安寺則得天獨厚，天天都有四菜一湯，常常也有人來打羅漢齋與豆腐齋。

我們的講堂，也是很講究的，先是平房加天花板，後來翻成二樓，四壁粉刷油漆，一片潔白光亮，晚上是用的日光燈。講堂裡還有一架鋼琴，偶爾也請個把音樂師來教教我們的歌唱，〈三寶歌〉是每晚點名時必唱的。

我們的書桌一人一張，並有兩個抽屜，各人可以加鎖，桌上漆得黃澄澄的，每一張學僧坐的靠背椅子也是漆得黃澄澄的。

我們有好幾份報紙，比如《中央日報》、《東南日報》、《和平日報》、《申報》、《大公報》，幾乎都有；另外還訂有好幾份學術性的及文藝的雜誌，但是，同學們好像除了文藝以外多不感興趣，我對於那些報章雜誌，幾乎也都是陌生的，我消化不了它們，故也很少去看。

當時佛教的刊物不多，但也不能算少，比如《海潮音》、《覺有情》、《弘化》、《人間佛教》、《中流》、《世間解》等的佛學定期刊物，我們都可經常看到。

到了民國三十六年（西元一九四七年）下半年以後，我們靜安寺的學僧也創辦了一個刊物，定名為《學僧天地》，籌備將近半年，到民國三十七年（西元一九四八年）元月才創刊發行，由學僧而發行鉛印刊物的，那是先鋒了。因此還得到慈航法師的鼓勵與同情，慈航法師特由南洋寄來一篇文章，也寄來了錢。其實，如果不是我們學僧做經懺，由同學組織，也由同學出錢，刊物是出不來的，不過白聖法師的支持很多，常住上也有補助。

《學僧天地》一共只出了六期，民國三十七年（西元一九四八年）七月，第一屆學僧畢業之後，便中止了。本來是月刊，但是第五號出版之後，一直拖到十一月才把第六期印出，算是壽終正寢。前面說過，我是一個蹩腳生，但在《學僧天地》的六期之中，竟也發表了三篇短文。

在我們發行《學僧天地》的期間，玉佛寺的上海佛學院也發行了油印本的《新僧半月刊》，原為焦山佛學院的同學宏度、星雲及煮雲等也發行了油印本的《怒濤》月刊，一時之間，學僧辦刊物，蔚為風氣。當然，我在當時，一切都在幼稚中，一切都在跟著老同學們學著走路，但我知道，由於《學僧天地》的創刊，聯絡了京滬各學院的同學，也促進了彼此間的感情。所採文稿雖以本院同學為主，但對外來的稿子也予優先發表，那時常州天寧佛學院的來稿最多，其餘如漢藏教理院、武陵佛學院、上海佛學院，都有來稿。可惜後因幣制貶值，物價暴漲，又加上人事的更動，這份刊物便夭折了。

靜安寺的學僧，每一學期終了，總有幾個要走的，每一學期開學，總也有幾個新的來，最多時五十多人，最少時三十多人。這種情形，可謂天下烏鴉一般黑，每一家佛學院都差不多，可能以上海的情形特殊，故也特別顯著。因為沒有統一的教育計畫，到處都是一樣，除了自己用功，否則也只是混混而已。

在好多老同學的眼光下，靜安寺佛學院是很不理想的：位於市區中心，每天又有佛事，生活很不寧靜，更談不上如律的軌範，因為要做佛事，管理再嚴，也是嚴不起來。所以我有幾位已經來臺的老同學，他們去得很晚也住得很短，所以很少提到曾在靜安寺讀過書的。但在我這個福薄的人來說，對於靜安寺的生活，卻是念念不忘，我能有今天這樣的因緣與些微不足道的一點成就，乃是由於靜安寺的播種而來。

我進靜安寺，密迦已經入獄，據先去的同學告訴我，密迦對於學僧是非常愛護的，常住的經濟雖很困難，但總一切為學僧的生活著想，佛學院的基礎，完全是他打下的，講堂桌椅都是他做的，他還為學僧每人發了一條毛巾毯子，用來整潔內務，我去雖晚，但也分到一條。原因是只能在院使用，出院則繳還監學。

白聖法師接任之後，雖然經常在與流氓鬥法鬥智，但對我們學僧的生活也很關切，輪到他來做精神講話，總也要問問學僧的生活，以及學僧對於生活的意見。學僧提出要求，如果是合理的，他也沒有不接受的。比如我們要洗澡，去浴堂洗澡的錢，皆由常住負擔；我們要做春季旅行，包兩輛大客車，做竟日之遊；我們要聽某某法師講大座，便由常住叫專車接送。我們集體遊覽過上海市的好多名勝，我們曾去沉香閣聽南亭法師講《法華經》，也曾去圓明講堂聽圓瑛法師的《楞嚴經》，南亭法師之對我留下深刻的印象，就因為去聽了一次經，他見我年紀最小，故在下座之後，特地問了我幾句話。

但在民國三十七年（西元一九四八年）春後開始，學僧的情緒，漸漸散漫了，大家看得清清楚楚，佛學院畢業，並不能夠真的成為講經說法的法師，即使能夠講經說法，在此動亂的時代中也不會有人請你。出家人皆賴經懺為生，未來的社會，必將不容有此生活方式的存在。於是，同學之中，有的還俗去讀新聞專校，有的轉入可以收留出家青年的興慈中學，有的則乾脆去做工了！

人心非常苦悶，學僧的心更苦悶，以致在舉行畢業典禮中，有一個同學拿到最後一張畢業證書時，竟當場撕毀，到第二天，就捲起行李去當兵了。

這些，我都看在眼裡，痛在心裡，同時想著，我們究竟應做何種打算？這一念頭我在民國三十六年（西元一九四七年）三月，太虛大師逝世之後，我們集體由玉佛寺送至海潮寺火化回去的路上，就已想到。太虛大師為僧教育奔走一生，當他捨報之時，僧教育仍未見出可資樂觀的希望來！出家人到底應該怎麼辦？誰也不能下一句斷語。

民國三十七年（西元一九四八年）七月，首屆學僧畢業之後，多半學僧仍然無處可去，院方便舉行了一次甄別考試，分成兩班。我也很奇怪地，竟然考取了研究班，有幾個老學僧卻仍留在普通班。研究班一共只有十多個學僧，分班上課一個學期之後，已是民國三十八年（西元一九四九年）開始了，昏天黑地的大動亂也開始了，教的人沒有心教，聽的人也沒有心聽，老師與學僧，來的來，走的走，一切失去了常態，也就無所謂分班不分班了。同時，學僧也很少上課了，大家都在為著即將來臨的戰禍擔心。

其實，我們到了民國三十七年（西元一九四八年）下半年，生活情形就變了，好像都在做著應變的工作和準備。好幾個佛學院關了門，好幾處的學僧也到了靜安寺。比如乘如（自立）、惟慈（日照）、妙峰、魯愚（幻生）等同學都是後來從武陵佛學院去的，了中則去得更遲。

學僧除了象徵性地上幾堂課，有佛事的做佛事，沒有佛事的，為了應變，便學習手工藝，把原先的教務處，改成了工作場，常住買了十幾架手搖織襪機，請了一個織襪匠，專教學僧織襪子。可惜，我對學織襪子，尚未學出師來，便離開了大陸。

從軍

一到民國三十七年（西元一九四八年）年底，不安的氣氛，漸從華北南移而過了長江，江陰要塞失守之後，南京也跟著撤退，報紙上的消息，天天都是壞的，國軍的路線，也天天都在「轉進」，杭州一失，上海成了陸上孤島，交通

民國三十八年（西元一九四九年）初春於上海，前排為作者與妙峰學長（左），後排中為了中學長。

只剩了水道與空道。有錢的由空中離開，錢少的買船票離開，無錢的只好睜著眼睛等待，聽天由命地等待。但也非常奇怪，上海的人往廣州、香港、臺灣，鄉下的人卻又源源不絕地往上海湧進來。有的鄉下人，已經被共黨解放兩、三次，但仍一路解放一路還是往外跑。明明知道希望很小，他們卻仍冒著砲火一直向外跑，我有一個同學，在江北解放後跑到鎮江，迫於時勢，再從鎮江到蘇州，最後又從蘇州到上海，終究他還是沒有離開大陸！

民國三十七年（西元一九四八年）下半年以後，有眼光的人，都知道國民黨軍隊的大勢已去，故也做著應變的準備。白聖法師的眼光很遠，他知道時局動盪，他也知道他上海的那班對頭——地痞流氓，如他不走，上海生變之後，當必死路一條。所以他預先到臺灣看了一趟，並由妙然法師同往，頂下了臺北的十普寺，以備後退的餘地。

白聖法師從臺灣回去，寺內、寺外，都有人注意他，都怕他偷偷地再去臺灣，白聖法師卻運用他的機智，逃出監視，離開了上海。

白聖法師走了之後，我們慢慢地發覺道源法師也走了，聽說南亭法師與智光老和尚也離開了上海；接著圓明法師也不見了，監學守成法師也和他的高徒魯愚以及幾位年紀稍長的同學都走了，有的乘船，有的乘飛機。最早走的搭火車，先到廣州，再去香港（到香港有的還了俗，有的因為無處容身，乾脆上了基督教的道風山）。在學院中，群龍無首，佛事清淡，收入不敷開支，找到持松法師，由持松法師的一位皈依弟子每日送來一塊大頭做為大眾的菜金。學僧不上課，早晚殿堂也自由，好幾個執事均由學僧中提拔擔任，每聞鈴聲並非上課，而皆是開會，開會的結果，總是一致地譴責白聖法師，說他把靜安寺學僧的血汗錢，拿到臺灣去了，而把我們丟下不管了。罵得最多的是本光法師，召集開會次數最多的，也是本光法師。

學僧，一天天地少了，有一家佛學院的同學，老早就給我們寫了一封很長的信，要我們大家踴躍從軍，說是衛教報國的最後關頭到了，並說孫立人將軍在臺灣訓練新軍，孫將軍也歡迎我們僧青年去加入新軍的陣營。我們把那封信貼在布告欄裡，大家圍著看，大家也都在猶豫。此時靜安寺內也駐有聯勤總部的一個補給單位，而且都是些軍官，他們倒給我們洩氣地說：「當兵有啥好處，我們當了數十年要想不當還沒有辦法哩！」再說，靜安寺自民國三十七年（西元一九四八年）下半年開始，被一個團管區司令部借住，故也經常駐有一批一批的新兵，是抓來的、是抽來的、是賣壯丁來的，他們那麼苦、那麼慘，行動沒有自由，連解小便都要喊報告，都要由班長用步槍裝上刺刀押著進廁所。吃的飯，米糙得像麥子，他們還要搶，才能吃個飽。穿得破爛不堪，像是一群叫化子。這使我們不寒而慄。

但在靜安寺的大門口，掛著好多臺灣新軍的生活照片，同時也在招收青年志願軍。臺灣新軍，從生活照片上看，的確生龍活虎，朝氣蓬勃。可是我們沒有一個報名的，一則大家還在觀望，二則和尚當兵，總覺不是辦法。守成法師一向對我很好，在靜安寺他很愛護我，所以還有同學造我的謠，說我拜了守成法師做乾師父，真開玩笑！但他來到臺灣之後，還給我寫了兩封信，要我也來臺灣，並願代我辦理入境手續，故我也寄了一組照片給他，至今他還保留著。但我無錢，奈何怎得買票上船，那時到臺灣的船票，每張已賣到二十五個大頭，我連做夢也找不到這筆款子的。我在靜安寺，做佛事的幾個單銀，多半上了舊書攤，我的財產僅是兩箱子書，這些當作廢紙拍賣，人家也嫌沒有地方來堆哩！再回滬西的小廟，向我師公與曾師祖開口，他們卻說：「這個年頭，往哪裡逃也是一樣。如果靜安寺解散了，你可以回來住。」

其實，二十五個大頭，談何容易！這時的上海，大家都在準備應變，除了死人，殯儀館可能尚有堂把佛事，其餘的人，誰還有心思做佛事超度亡靈呢？大聖寺的佛事清淡了，住眾卻是一個也沒有少。所以，我的奢望，註定是要碰壁的。

但是，在政府方面的決心，還是很堅定，大聲疾呼地喊著「保衛大上海」的口號，報紙上、電台上，街頭巷尾的牆壁上、電桿上，乃至公共汽車上、電車上、三輪車上、黃包車上，也都貼了類似的標語。因此，上海的市民，也開始動員訓練了，凡是及齡的壯丁，都編著次第，接受軍事教育。我們靜安寺的學僧，論年齡，個個都有接受這項軍事教育的資格，因此，第一批五個人，我就是其中之一。

儘管政府在雷厲風行地搜捕共黨分子，共黨分子在上海的活動力，卻仍有增無減，幾乎在每一家的大學與中學裡，都有著數目相當可觀的所謂「職業學生」，罷課、遊行、請願、鬧學潮，鬧得天翻地覆。

時局，已緊得不能再緊了，上海全市的市民，都可以清晰地聽到市郊砲聲了，上海全市的六百萬市民，都被即將來臨的戰禍驚得無以自主了，每一處街頭巷尾，都堆起了沙包，看樣子是在準備巷戰了。

我們的同學之中，已有幾個人在招兵站報了名，脫下了僧裝，住在四明路大通路口的楠木倉庫，他們雖是新兵，因其不是抓來的壯丁，所以行動很自由，並在便衣上貼了一張表示部隊番號的符號，便可享受電車與公共汽車免費乘車的特權，他們吃飽飯就到處跑著玩，也常回到靜安寺來看看我們。我看他們的心境，要比我們平靜得多，他們反正是在等船，反正會到臺灣去的，所以樂得安心。他們是關振、田楓、王文伯、何正中，其中的何正中現已再度出家又受了一次比丘戒，便是十普寺的明月法師。

因此，我們的嘴上，都在嚷著去當兵的口號。因此有一位同學對我說：「常進，你去當兵我也去。」就這樣，我真的決定當兵了，由於我的決定，了中同學也跟著決定當兵了。於是，我把較為重要的書籍，送到我在曹家渡的俗家哥哥處去，棉衣和夾衣則隨手送給未走的同學，有一件很好的夾袍，我要送給一位名叫妙融的同學，他竟流下淚來對我哭，先是不肯收，後來他說代我暫時收下，等我從臺灣回去再還我。

我也相信，國民黨的軍隊撤到臺灣，一年半載，時局就會平靜下來。

那是民國三十八年（西元一九四九年）五月十五日的下午，我與另外幾個同學，向尚在靜安寺留守的秀奇法師、本光法師、林子青居士告了假。本光法師曾在金陵大學教過書，他對我很有好感，因為聽他的課，在同學之中，我的筆記是做得最完整的一個，所以頗有依依之情，但他終於說了兩句話：「以你求學的精神，去做你要做的事，你會成功的。你既要走，其他的話我就不必說了。」

林子青居士，就是曾來臺南傳戒當教授阿闍黎的慧雲法師，他可能是我們學院老師之中學問最好的一位了，他的國文、外文、佛學、文學，都有很高的造詣，他的人品好、風度好、學問好，他給我的印象非常深刻。當我向他告假的時候，他是一臉的苦笑；臺灣對於他，並不陌生，在日治時代，他到臺灣曾被日本軍閥當作中國的間諜下過牢。他仰起頭想了一想，才對我說：「在大時代的洪爐裡，願你鍛得更加堅強。」

作者與了中學長（左）合影於上海

好多同學都跟著我們前前後後地轉來轉去，最後，向他們告了假，我看著他們那種惶惑、悲戚、依依不捨而又無可奈何的表情，我的情緒非常激動，我真想哭，我真想大聲地痛哭，思前想後，我都必須痛快地大哭一場！但我畢竟是去當兵呀！就不能表現得英勇一些嗎？

然而，當我乘著三輪車，帶著一捲極其簡單的行李，出了靜安寺的大門，回頭再看看我那生活了兩年半的「學僧天地」，發現好幾個同學還在向我們連連地搖手時，我的眼淚再怎麼也忍不住了！

第八章　軍中十年

採薇

在過去，大家都以為「好鐵不打釘，好男不當兵」。一般人，對於當兵吃糧的人固然歧視，當兵的分子，確也是非常複雜，在地方上出了亂子闖了禍，不能再待下去時，他們便去外鄉當兵。

大陸上，自民國以後，幾乎經常都有戰爭，政府對於戶口的調查登記，始終未上軌道，徵兵制度的兵役法，也始終未能普遍確切地實行，軍隊的來源，一部分固由於徵的，大部分是出於招募。有些地方，在國民政府的勢力範圍之內，壯丁是用抽的。但是，兵役制度不健全，抽壯丁的方法，竟又形成了賣壯丁的邪風，抽到了窮人，當然乖乖地去當兵，如果抽到了有錢人，他們就以錢來買替身，替身的身分，多半是些地痞小流氓，一些亡命之徒，身價有的高達數十擔米，這些替身，幾乎是以賣壯丁為職業的。他們的責任是只要向團管區報到之後，就可交代，以後，他們就要設法逃亡了。於是，有的人，可以一年出賣好幾次。正因如此，各級負責徵兵的單位，對於新兵的看管，不得不嚴，他們對待新兵，好像對待囚犯一樣，甚至比看囚犯還要嚴緊，沒有個人的自由，大小便也要排了隊，由班長端著槍押著隊集體行動。

民國三十六年（西元一九四七年）至三十八年（西元一九四九年），靜安寺便經常有這樣的新兵駐紮，他們由各地集運到上海，再候船隻轉到前方去，一批一批地來來去去，使人看來，真有不忍卒睹之感。但也不能責怪護送單位的苛刻，若非如此，護送單位勢將無法向上級交代。

軍人給我的印象，從小就是不好的，所謂「兵荒馬亂」，我們鄉下，只要軍隊一到，便會鬧得雞犬不寧的。但我自己，竟又自動自發地當了兵。

這是這一大動亂的大時代，使我做了當兵的決定，為了苦難的國家，為了垂危的佛教，為了個人的安全，我必須採取這一當兵的措施。雖然說，當兵的分子複雜，古今好多名人，卻也是從軍中出身的。何況佛教有一非常寶貴的訓示：菩薩的精神，如汙泥中生長的蓮花，蓮花離了汙泥不能生長，生長以後的蓮花，卻又不為汙泥所染。這就是說：要做菩薩，必須要往罪惡的眾生群中去隨類攝化，能化眾生而又不為眾生之所同化。當時的局勢，既然要我當兵，也就勇往直前了。人之好壞，全在個人的意志，所以我在當兵之前的數小時，便立下一個志願：此去是為國家民族留一分氣節，是為衰微的佛教爭一分光榮；不受國際霸權的奴役是國家民族的氣節，僧人臨國難而不退避是佛教的光榮。因此，我在向招兵站報到之際，便捨去出家的法名「釋常進」，另取了一個俗名「張採薇」，但這不是我童年的俗名，目的是要「張大」伯夷、叔齊「採薇」於首陽山的大忠義大節操的偉大精神。那是在三千一百年前的周朝初年，商朝後裔孤竹君的兩個兒子，因為國家亡給了周朝，他們寧願在首陽山下採野莞豆充飢，終於餓死，也不肯接受周人送給他們的食物。另有一個故事，那是發生在西周的中葉時代，有一位詩人，為了抵禦北方入侵的玁狁（即是秦、漢時代的匈奴），所以從了軍，報了國，當他退役還鄉之後，便寫了一首〈采薇〉詩，後來被孔子收在《詩經》裡面。由於這兩個故事的啟發，我便用了這個名字。可笑的是，當我從軍之後，軍中很少有人知道「采薇」二字的典故，每皆說我是用了軟綿綿的女性名字。事實上，在此滾滾的大時代的大洪流中，如果不先立一大志，不先有個精神的嚮往，做為安心立命的落腳點，那就只有隨波逐流地沒頂而去。但我的目的，絕不希望做個終身以守的職業軍人，以我當時的推想，一年之內或者最多三年，動盪的河山能夠冰泮，國民黨軍隊必可勝利，所以我還帶了部分佛書及僧裝，準備隨時重返僧籍。

啟航

民國三十八年（西元一九四九年）的五月十五日，我先一天上午去大通路口的招兵站上報了名，第二天下午就帶著一捲簡單的行李，跟另外一位同學合坐了一輛三輪車去報到。那是掛著二〇七師青年軍的牌子，二〇七師在抗戰的期間，曾經有過輝煌的戰績，特別是青年軍的號召力，非常大。招兵站上的幾個官兵，年紀很輕，服裝整齊，態度也很好，並且告訴我們說：「青年軍的新兵，完全是新式教育，完全是美式裝備，完全是以軍隊學校化、士兵學生化的方法來訓練。」又說：「青年軍的生活，沒有打罵，青年軍的分子，沒有文盲，青年軍的行動，絕對自由，青年軍的吸收，要經考試。」

這個招兵站上貼著「通信連」的字樣，我問他們：「通信連與其他的連有什麼不同呢？」

「通信連是專門使用電話與電報，負責軍中通信的。」一個軍官告訴我們，他看我們幾人都是穿的僧裝，起先還不以為我們會去報名從軍，但他停了一下子又補充著說：「像你們出家人，來當通信兵，那是最適合了，出家人慈悲為懷，不便殺人，通信兵是很少有機會用槍直接殺人的，把電話接通，把電報拍出，就算任務達成了。」

「我們不會接電話也不會拍電報呀！」我說。

「這個不必擔心，青年軍的軍隊就是學校，到了臺灣，要接受訓練的；以各人的志願，隨你們學有線電也好，學無線電也好。」

這一位軍官，很會說話，經他這樣一說，當兵，的確是太好了，既能以此報效國家，又能因此而學會電訊的技術，豈非一舉兩得？於是，靜安寺的幾個同學，都當了通信兵，其實，先我們而去的四個同學，也是當的通信兵，我們去報名，也是受了他們的暗示。

新兵的營房，是借住大通路的楠木倉庫，倉庫很大，一個團的新兵，樓上樓下尚未擠滿。新兵的行動，完全自由，大門口不設崗位，進進出出，毫無拘束，正因如此，只有報到的，沒有回去的，三十歲以上十五歲以下的人，要進去還進不去。

有的人，父母、妻子哭哭啼啼地請他回家，他還不肯回家；我們連上，有一個叫薛緯的新兵，長得結實，也很英俊，他的父母勸不動他，他的妹妹勸不動他，他的美麗的未婚妻跪下來求他，哭得暈倒過去，他也不肯回去，乃至連上的官長都幫著他的家人勸他回去，他還是不肯回去。這個人後來一直與我很好，並且兩度同學（軍事），當我退役之後，到了朝元寺，他還看過我一次，這真是個難得的青年。

同時，這也反映出當時上海的青年心理，為了國家，他們不惜犧牲一切。另有幾個十四、五歲的小孩子，長得很活潑、很清秀，進了楠木倉庫，大家都不要，送到通信連，總算勉強收下，但到團長來點名時，又被剔除了，最後還是我們的連長做了好事，私下把他們留下來。因為當時的人心，總以為時勢不久就會平靜，不願吸收少年兒童，但是這幾個孩子，現在都已是非常出色的軍官了。

從報到那天起，開始了軍人的生活，一天吃兩餐糙米飯，菜也很差；大家睡在地下，用稻草鋪墊；倉庫的衛生設備不敷一個團的使用，牆腳下、院落裡、巷子口，乃至陽台上，到處都是大便與小便，新兵剛到，沒有訓練也無法管制，所以把楠木倉庫弄得骯髒不堪，我們在陽台上開飯，飯籮與菜盆，就擺在大小便的空隙間，大家吃得還是津津有味。因為有一個美麗的遠景在望：據說到了臺灣，營房就像花園一樣地美；因為有一個共同的理想在懷：等到時局穩定，又可以各返自己的家了。所以對這暫時的現實，都能忍受。

大家都在等待考試，大家還怕考不及格而發愁。大家的心理很矛盾，既希望考試，又希望不考試；如能考試，表示這是真正的青年軍，真正是知識青年的軍隊，所以希望考試，招兵站也曾說過要考試；又怕考不及格，不能從軍去臺灣，故又希望不考試。最後，還是沒有真的舉行考試。

天天等著上船，唯有上了船才能安下心來。上海市內各要衝的街頭巷口，均已構築了浴血巷戰的準備工事；市郊與共軍開火的砲聲，已愈來愈近，愈近愈響，甚至已能聽到稀疏的步槍聲及斷斷續續的機槍聲，如再不離開上海，就要等著解放了。保衛大上海的這場戰爭，似乎誰也沒有樂觀和信心。事實上，戰略的形勢擺在面前，京滬鐵路只能到南翔，滬杭鐵路只能到金山，上海已成了陸上的孤島，除了海空運輸，對外交通已被切斷。即使空運，只剩軍用專機，並也愈飛愈少，水路的吳淞港口，也在岌岌可危。上海外灘的碼頭上，堆滿了物資，有軍用的，也有民家的，但是除了部分的軍人可以上船，那些堆積的物資，只有靜靜地留守。即使軍用或由軍隊徵用的船隻也愈來愈少。

終於，等了四天之後，到五月十九日的上午，我們列隊向港口出發了。我們都穿著便衣，部分還是西裝革履，但有帶隊的軍官照顧，市民都可看出，我們是志願從軍的新兵，我們一路走一路看，一路上的市民，也都看到了我們，彼此之間的心情，似乎不全相同，有的新兵的家人親友，還一路伴送到港口，這是一種出征戰鬥的情景，但也像是結隊遠遊的情景，大家都在悲哀之中帶著幾分欣喜。在烽煙瀰漫中，離別朝夕相處的親友，離開東方巴黎的上海，這是感到悲哀的；但在戰禍即將來臨之前，國家存亡興廢之秋，能夠投身軍伍，該是值得欣喜的事。

我不知道，我們所乘的那艘登陸艇，是不是由上海開出的最後一艘輪船，但當我們上船乃至起碇之時，並沒有見到其他船隻，即使有，大的是外國船，小的是長江船。那些船好像是在待命，也像是在避風，靜靜地稀稀疏疏地，躺在黃浦江中，沒有煙，也像沒有人，更不像是即將開航的樣子。那些船是做什麼的，我則不知道。

我們乘的這艘船，是由貨船改的，噸位不小，一團新兵，雖然很擠，但也裝下了。

開航之初，我們站在甲板上，看黃浦江兩岸的風光，雖然戰火迫近，黃浦江的兩岸，依舊呈現著暮春季節明媚的景象。

但到吳淞口時，看到了國共雙方的激烈戰況，共軍的據點裡，步槍與機槍的火力猛烈而且密集，似乎已經發現了我們這艘登陸艇正在離開黃浦江，所以槍彈竟在我們的船面上空，呼嘯而過，我們在擴音器宣布的命令之下，全部進入了艙底。直到出了吳淞口，進入了黃海，才許我們到甲板上來透透空氣。

到了臺灣

同船的，還有二十幾個女孩子，她們是北方的流亡學生，從北方流亡到上海，上海靠不住時，她們又集體從軍，都是十幾、二十歲的高中生，也算是我們這個團的新兵；另外還有一些軍人眷屬，多半也是年輕的女人。據說，有些年輕女人，是從戰場中撿到的，並且要撿幾個就有幾個，但在戰火猛烈之中，誰還有興趣撿女人呢？唯其仍有少數的軍人，藉著偶然的便利，好心地撿個把女人帶出戰場來。女人可以像拾荒貨似地拾到，也只有在慘酷的戰場之中才會發生，這也是人間的一大悲劇！

女人，尤其是年輕的少婦與少女，無不有一種天生矜持的特性，那也是女人之所以能惑人的誘力之一，也正是人之所以為人的一種可愛可敬之處，否則便與下等動物一樣，根本談不上人的尊嚴了。

但是，一般人的羞恥與矜持，只有在正常的社會生活下才能維持，如果生活的環境，有了大變大動之後，羞恥與矜持的藩籬，便很容易崩潰。比如船上的少婦們，因為暈船嘔吐，沾汙了衣服而不得不換之時，她們可以當著大家把上身脫光而不以為羞；少女們找不到專用的女廁所，大眾廁所只在甲板面的船邊上欄了一條麻繩，略有象徵性的隱蔽，她們逼於「內急」，也只好擠在這種廁所「出恭」，而不感到臉紅，女人的矜持，到此竟已一掃而光了，人的尊嚴，到此也是破產了。當然，除此之外，船上不會發生其他的意外。但僅此等情景，已足我人為此戰爭的殘酷，而覺痛心，若非戰爭的驅使，這種景象是不會出現的，這種景象的出現，實在是戰爭的罪惡所致。一般的觀念，少女與少婦是美麗的象徵，但是再美的女人，當她顧不得羞恥也保不住矜持之際，看來又該是多麼地醜怪與可憐！

船上的生活是單調的、枯燥的、厭煩的。每天兩餐糙米飯，像是餵小鴨小雞的浸飽了水的麥子，一粒粒的、硬挺挺的；一盆鹹菜湯，圍上十多個人，當菜吃，菜太少，當水喝，又太鹹。船上的人多，淡水不夠充分地供應，整日在船上看到汪洋無際的水，卻又整日不容易喝到一碗水。看海、看海，海看久了，總是一片悠悠起伏的海水，沒有風景，平淡無奇。在長途航行中，能夠發現遠處海面的船隻，也會感到「並不孤獨」的欣喜。同船的人雖多，交談的人很少，沉悶乏味的生活，大家沒有交談的精神，也沒有交談的興趣。於是，下艙倒身睡覺，睡了一覺又睡一覺，好像每次睡得很久，醒來卻只片刻工夫，把頭睡昏了，把氣睡塞了，把眼睛睡紅了，把面龐睡浮了，睡得太多，也不是味道。

從上海開航，經兩天多的海程，終於看到了臺灣，已經遙遙在望，準備於基隆港上岸。但到基隆港外，不知是什麼緣故，又要改航至高雄港上岸。這是很掃興的，眼看著快要上岸了，眼看著臺灣就在近前了，竟然不讓我們上岸！於是，沿著臺灣的西海岸，繼續向高雄航行，大家雖不耐煩，但也無可奈何。

又在船上過了一日一夜，第四天下午，到達高雄港口了，但是，高雄港口並不准我們的船直接開進港去，據說尚要向上級請示聯絡。唯在港外向內看來，高雄港，的確是很美的。

直到下午四點多鐘，才由港內出來一艘領航船，把我們帶進港去。

進了港，靠了碼頭，放下了便橋，可是，依舊不許我們下船。因為我們這批新兵，都還穿著便衣，為防止逃亡，為了便以識別，為了便以管理，我們的軍人制服運到了，並要我們就在船上把便衣換掉。

個人換一身衣服是很快的，要這群活老百姓統一換齊，那就慢了。我們換了衣服，仍然不能下船，港口卻來了許多小船，靠在我們的輪船壁下，賣香蕉的、賣甘蔗的、賣西瓜的、賣鳳梨的，有男的、有女的，都能說幾句簡單的國語。在我們看來，這些水果，實在太需要了，而且也實在太便宜了。新兵沒有臺幣，用東西交換，他們也很歡迎，一條普通的香菸，可以換到滿滿一籃子的香蕉；一條普通的西裝褲，可以換到十多隻鳳梨；一雙半舊的皮鞋，可以換到兩個西瓜；一個袁頭的銀元，可以買到十幾個人也吃不完的香蕉。臺灣這個地方，給我們的第一印象，就是水果豐富、物價便宜、民情樸實，這在上海，乃是想像不到的事。其實，這些小船的小販，已經賺了我們雙倍的利潤。因為當時的臺灣，除了水果與米糧比較便宜，其他的物品並不便宜。

下船時，已是夜幕低垂，所謂「新兵」的生活，也就接著開始，不准有個人的自由，各班的班長、副班長都是老兵擔任，監視著每一個新兵的行動，從船下來，直接走到等候著的火車上去，那是一長列載貨的車廂，有的有頂，有的沒有頂，有的裝煤的，有的是載水泥的，有的是運貨的。但也有幾節車廂是客貨兩用的代用客車。我所乘的是一節有頂的貨車廂。從此情形判斷，當時的臺灣鐵路業務，仍是很差的。

我們就在夜色朦朧之中，在半昏睡的狀態下，被火車拉著朝臺北方向輸送。車子行速很慢，而且每站必停，開了一夜，第二天天亮了，還只開到臺灣的中部，那是行的海線，今已不記得那叫什麼站名了。

但也非常奇怪，在上海時，不加控制，聽任自由，新兵不唯不逃，而且唯恐不收，高雄上岸之後，雖已有人監視，在此一夜之間的沿途之中，竟有好幾個新兵去得不見蹤影了。

幻想中的花園

五月二十三日，我們到了新竹。

從上午八、九點鐘，下了火車，尚沒有我們所要落腳的營房。那時的天氣，已經很暖了。在船上，好幾天沒有洗澡，沒有足夠的水喝，一上火車，見到了縱橫在田野間的溪流，水很淺，但很清。因此，我們這群新兵，就像餓鬼似地，一個個貪婪地，都跳下了溪流，這一份盡情享受的愉快，似乎要比在上海頭等浴池中享受全套的服侍，還要舒服百倍。這溪雖淺，卻比大陸平原的深水河流更可愛，正如臺灣許多的溪流一樣，清澈見底，水底是大小不等的卵石，鋪成了平滑的河床，像是天然的游泳池，但比游泳池更衛生；水，經常不斷地流著，人再多，也不會攪混。

起先，我們的長官、我們的班長，都還有顧忌，甚至企圖阻止我們下水，不多一會，他們自己也禁不住地下了水。只有炊事班的人員，沒有下水的福氣，因為，我們已經將近一整天不曾吃過東西了。

也是非常奇怪地，讓大家自由自在地玩了半天水，誰也不管我們，我們喝飽了水，洗夠了澡，乃至把船上弄髒的衣物，都在溪流裡洗淨了，又攤平在溪畔的綠草上曬乾了。到下午集合的時候，一個人也沒有少。所以值星官還欣慰地說：「大概要跑的壞蛋，已在夜裡跑了，現在這些都是真正的愛國青年。」

大家，懶洋洋地夯著各自的行李，在帶隊官的命令下前進。雖然都是穿著軍人的制服，但卻不像軍隊，像是一群逃荒的難民，背的背、肩的肩，大行李、小箱子，紅一包、綠一綑，形形色色。不過，我們的臉上，都在浮著愉快的笑容，新兵與新兵之間互相說笑，甚至帶隊的軍官，也跟我們湊上一、兩句輕鬆的笑話。因為，我們痛快地玩了半天的水；同時也在幻想著我們即將到達的營房——據說臺灣的營房，就像花園一樣地美。

終於，我們的目的地到了，那是位在新竹東方的清水鄉，我們的營房，幻想中的花園，是一家設備很差的玻璃廠，玻璃廠的廠房，就是我們的宿舍。式樣是一樓一底的大廠棚，樓板卻是用木條釘成的，有點像是蒸籠底下的蒸盤，上上下下，可以看得清清楚楚。因此，住在樓上的人是有福的，住在樓下的人，只要樓上一有動作，就準備閉起眼來，承受天女散花式的塵土供養。樓下是磚地，跟上海的楠木倉庫一樣，鋪下一層稻草，就算是我們的床。

沒有現成的電燈，沒有現成的衛生設備，也沒有足夠的水源，總共只一口井，哪能供應一團人的飲用呢？為了水，各單位還要派了專人去排著次序等。吃水是勉強夠了，奈因僧多粥少，打上來的井水，雖是濃濃的泥漿，大家見了混濁的開水鍋，還要拚著命去搶。

我們的生活，從此開始軍隊化，只有團體的活動，不許個人的自由；我們的生活，從此也就半原始化。私人的衣物，一律被上面收去集中「保管」，公家發的，只有三個人一條紗毯，每人一套軍便服、一條短內褲、一頂軍帽、一條毛巾、一雙日式的膠鞋、一付綁腿帶、一個飯碗，筷子也得自己想辦法。

上等兵

當時的國勢，已經危險到了極點，蔣總統下野了，代總統李宗仁，已不管事，國家無主，幾乎是群龍無首，我們的事，是由東南行政長官陳誠負責，但在那個時候，前方節節失守，臺灣的一切，尚未走上軌道，補給的困難，也就可想而知。

因此，到了新竹清水的第二天，艱苦的生活，就開始了。一日兩餐，每餐兩、三隻葫瓜，要做成一百多人的菜，油只能在水面上飄著幾點小花；菜的主要內容是鹽，還好，鹽在臺灣，比大陸便宜得多。

立正稍息的操練開始了。為了節省，所以倡導三光運動：在高張的火傘之下，在硬繃繃的黃土地上，光頭、光背、光腳，要不是腰間還有一條短褲，那就像一群原始的野人。這個運動，一直到了民國三十九年（西元一九五〇年）秋天以後，才告結束；直到民國四十年（西元一九五一年），美援恢復了，軍人的生活才有了改善。現在我尚存有當時的兩張團體照片，看來像是一群猿猴。

大家最感傷心的，是把長頭髮一律剪光了，既覺得像是做了囚犯，又因為新頭皮禁不起烈日的曝曬，曬起了水泡，痛得哀哀地叫。這一點，大家就羨慕我們幾個和尚兵了，我們的頭本來就是光的，所以也省了這一場煩惱。

其實，苦的還在後頭。

因為衣服太少，不夠換洗，只有在每天的午後，帶我們去塘裡洗澡時，順便浸一浸，不用肥皂也沒有肥皂可用，擰一擰，披在塘邊的草上曬曬乾，再穿著回營房；沒有草蓆，大家睡在稻草鋪的磚砌地上，早晨起來，身上還沾滿了被汗汁黏住的稻草葉。玻璃廠的四周，圍起了兩人多高的竹籬笆，也設了五、六處哨崗，大門口，除了值星官帶隊，個人無法出去。事實上，一堂接著一堂的操課，也無暇容許個人外出。一天接一天，天天都是「立正稍息」、「原地轉法」，有的人學得很不耐煩，有的笨瓜還把左右轉法弄不清楚。上海時所稱的知識青年軍，青年是對的，知識就未必了，因為未經考試，老粗還是不少。

此時，我們靜安寺一共七個同學，已有兩人撥出了通信連。尚剩五人，相互照顧，彼此勉勵，處得很好。

入伍的基本教練開始之後，我們的階級也有了決定。說來很有趣，我們的階級是由文書上士分配決定的，承那位文書上士的美意，他問我：「你要當什麼兵？」

我說：「我要當通信兵。」

「不！我是說，你要當什麼階級的通信兵。」

「我不知道有多少階級呀？」

「共有三級，二等兵、一等兵、上等兵。你要哪一等？」

我實在不知道究竟哪一等比較好，所以說：「隨便好了，只要是通信兵就好。」

總算文書上士夠朋友，他是給了我一個上等兵。

我們五個靜安寺的同學之中，三個是上等兵，還有二人善於說話，連長對他們有了認識，知道他二人的程度不壞，所以一入伍就當了士官，一個是中士，一個是上士。這在到了五月終發餉的時候，我才明白過來。我們正好趕上新舊臺幣的改換期間，上士新臺幣三十元，中士二十四元，上等兵六元，一等兵與二等兵的更加少。一個上士的餉，可以買到將近一錢黃金，上等兵的六元，實在太不夠用，如果是二等兵，那就更慘。我是比上不足比下有餘，不難過也不喜歡。

六月二日，我們的軍長到新竹跟我們訓話，訓話完了，他要凡是讀過大學的人舉手，要大學生站到前面去，他說他要培養知識青年，如果是大學肄業的，他將栽培著繼續讀完大學。於是，有三十多人站到前面去了。軍長又見我們之中尚有一小隊的女兵，也要她們站到前面去，準備把她們與大學生一齊帶走，她們後來成了女青年大隊的隊員。但是軍長又教高中生舉手，這一下可就多了，大家希望能被軍長帶走，所以冒充高中生的不在少數，我們五個學僧，不知能算什麼程度的什麼生，所以沒有舉手。但是軍長的處置很簡單，他說：「軍部在北投成立了一個學生大隊，訓練基層幹部，凡是高中生，過幾天均可報考。」

果然，在農曆端午節的那天，我們奉命自新竹出發，到了北投。

說到端午節，使我回憶到吃的問題。自上海入伍以來很少見有葷腥，似乎根本沒有葷腥，但在端午節那天，軍長有犒賞，有魚有肉也有酒。我自出家以後，未曾嘗過腥味，這一個節，使我痛苦了好幾天，大家吃得津津有味，我卻覺得腥臭不堪，魚與肉，固然不敢動筷，連同飯筐、飯瓢、菜盆、菜杓，也都沾了腥臭味。尤其那種鯊魚的腥臭，簡直要使我作嘔，那天加菜打牙祭，我幾乎是餓了一天。所謂「但吃肉邊菜，不吃菜邊肉」的工夫，那確不是短時間內能夠習慣起來的。自此以後，天天又以肥豬肉代油煮菜吃，所謂菜，僅是一盆醬油湯中浮著幾片象徵性的菜葉或瓜片而已。人到此時，再不想吃也要吃了。縱然是如此的菜湯，大家還要動作快些，才能喝到半碗，因為操場的訓練，流汗太多，對於鹽分的補充，幾乎像是參湯那樣地貴重。菜湯雖然無菜，鹽分卻是夠的。

初到北投，住在舊北投火車站前的國民學校裡。當天下午，雖然沒有宣布放假，大家卻是自動外出在北投玩了半天。那時的北投，日式的風味很濃，建築是日式的多，吃食也多半是日本料理，據說，那種浴室也是日式的。北投的人，很少懂國語，說國語的也不太受歡迎。因此，我們之中有幾個會說日語的，便大大地吃香了，關振也算是一個，大家都希望跟著他們在一起，感到方便，乃至感到安全，這種怪現象，直到民國三十九年（西元一九五〇年）以後，才慢慢地消失。

當時的舊北投，的確舊得可以，房子都是舊式的，樓房幾乎找不到。即使是新北投，也沒有幾家像樣的大旅社。北投公園是一片草，路燈幾乎少得不容易找，給我最深刻的印象，就是冒著白氣的硫磺溫泉，到處都可見到。

到了北投的第二天，就接到通知，要高中生去學生大隊參加考試（學生大隊是在跑馬場，後來改稱復興崗）。通信連中自稱高中生的實在不少，真正高中畢業的卻又不多，值星官一集合，幾乎去了半個連，我們五個人，也被說動了心。但經發下試卷，我們又被難倒了，什麼三角、幾何、代數，那些高中的功課，佛學院裡不曾教過，所以僅在試卷上簽了名，都繳了白卷。我們之中的王文伯是可以試試的，但也受了感情的影響繳了白卷。監考官看看我們的簽名，再看看我們的儀表，然後又看看正在操場上操練的學生：赤足、光背、短褲、戴斗笠、拿竹槍，皮膚曬得黑裡泛亮，操著步槍的槍法。他似乎明白了我們的意向，所以他說：「武學生不比文學生那樣輕鬆，你們怕吃這種苦，是嗎？其實不要緊的，慣了就好了。」

但是另外一位監考官（後來知道他是副大隊長）卻說：「不要勉強他們，他們怕苦，我們的學生生活，就是要苦，每天早上要跑五千米，要比賽爬山，要爬對面（他指七星山）那座大山，怕吃苦的，哪能做我們的學生？」

其實，兩位監考官都沒有猜中我們繳白卷的原因，我們倒也樂得藉機而光榮地下台。

此後，我們連上乃至我們團部的官長，都還把我們當作真正的高中生，所以每有考試，都要鼓勵我們參加。的確，以我們的談吐，以我們的儀表，高中生未必及得上我們，殊不知，在學科方面，我們是一隻紙老虎。總不能教我們拿佛學院裡所學的五蘊、百法、四聖諦、八正道、苦、空、無我、無常等的知識來應試呀！

終於考上了

北投住了幾日，我們便住到新莊鎮的國民學校去了。七月下旬，又自新莊行軍至北投跑馬場下，那次行軍，因為天氣太熱，路上出汗太多，又沒有水喝，到達北投時，我一下子便喝了好幾碗的冷水。但在喝了冷水之後，膀胱脹得要命，卻又解不出小便，用力去解，也只滴下幾點血水，並且疼痛難受。我去請求醫官，醫官硬說我是到了北投，嫖了妓女，染了花柳病。這真是天大的冤枉，我雖一再解釋，他仍以為他的判斷不錯。第二天，我痛苦得幾乎不能行動了，才被一個姓楊的老班長發覺，他替我開了三味中藥：車前子、木通、黃連，上午買了，煮了，服了，到下午，我的小便就順利了。原來我是中了暑熱，內熱不消，所以小便阻塞，那個老班長，不愧是老兵，他有經驗，我要不是他開的三味中藥，衛生連的連長也說只有兩種辦法：一是用鐵條通尿道，一是注射六零六。如果真是那樣，我就倒楣透了！

八月中旬，又從北投回到新莊。

九月上旬，自新莊移至淡水的高爾夫球場。

十月中旬，又到北投參加考試，經過將近半年的準備，初中的課程，我已學得差不多了，總算勉強被錄取為學生大隊的學生，接受步兵的班長教育。這種教育，很嚴格，也很緊張，從早上起床直至晚上就寢，難得有一個小時以上的空閒。就寢以後，也不得偷著出去，有一晚我因為肚子餓得受不了，便約了鄰號的一個同學去福利社買糕餅吃，回來時，發現區隊長正在等著我們，結果是每人做了五十個臥倒起立，才睡覺！早晨，起床至集合，僅僅六分鐘，包括整內務、著裝、大小便、洗臉、漱口，一切行動，都是跑步。

有一天早晨，天還黑得很，我的目力又不行，跑步去廁所，攀上了一根電桿的控椿，小腿的皮肉去了一大塊，血把褲管連綁帶都染紅了，仍然忍痛不在乎。集合之後，經常要跑五千米。跑步回營，接著是器械操：雙槓、單槓、吊竿、木馬、手榴彈，樣樣都有考核，事事算是成績，好的加分，不好的扣分，不及格的便淘汰。

有一次我為跳木馬，木馬尾上堆了十多塊磚頭，從尾後已看不見馬頭，但是仍要雙腳貼緊，並腿跳過去，我用力一縱，越過了馬尾的磚塊，但也越過了馬頭的搭手處，兩手落空，腦袋深深地栽進馬前的沙坑，我的下半個頭顱，也緊緊地縮進了肩胛骨中，區隊長把我從沙坑裡救出來，並由好幾個同學幫忙，才把我的下半個頭顱從肩胛骨中拉了出來。這是很驚險的，也是很好笑的，但在當時的我，除了希望不落人後，不被譏笑，別無其他的意念。

又因我的眼睛在上海時，就有輕度的近視，此刻接受步兵班長的訓練，打靶的成績看得很重，我的眼睛，卻是打靶的最大障礙。有一次，隊長幾乎要罰我從靶場做臥倒起立回營房。但他並不知道我的眼睛有毛病，如果知道我的眼睛近視，那就立即淘汰！

十二月中旬，軍部學生大隊的通信隊，第二期招考，我又希望學通信了。因我在通信連待了五個多月，除了出操、上政治課、打野外、站衛兵、出公差（雜役），根本沒有通信可學，有線電是不必學的，有力氣、會登高（爬樹、爬電桿）、會打結、會守電話機，就行了。至於機件的修理，有專門技術人員負責的。無線電報的拍發與抄收，均由軍官階級的報務員負責，士兵除了行軍時背機器，工作時搖機器（發電），其他就沒有可學的了。在上海報名時聽說的「軍隊學校化」、「士兵學生化」，只是理想而已，這也根本不再是知識青年的青年軍。最低限度，在當時的國軍，尚無力量真的做到「軍隊學校化」的程度。

這個通信隊，是專門訓練無線電報務員的，於是，我又參加了考試。然而，我的英、數、理、化太差，沒有考取，幸好過了兩天，通信隊的人數不夠，再度招考，我對第一次的試題，已能記住，已經請教了幾位程度比我高的同學，已可全部答出，所以再度參加考試，試題雖已換過，但仍大同小異。因此，被我考取了。錄取之後，隊長還要面試英文，報務員的其他學問尚可馬虎一點，英文是很重要的。可能我裝得很鎮靜，沒有露出馬腳，隊長面試我時，只問了兩個單字，並要我拼讀了自己的英文姓名，便通過了。

我們靜安寺的同學，只有我與王文伯考進了學生大隊，又同時考取了通信隊，後來也一同考取了通信學校。王文伯曾在南京棲霞山的宗仰中學讀過高中，國文、佛學，他不及我，英、數、理、化，我不及他。每次考試我雖臨時抱佛腳，乃至為了應付考試而減少睡眠，從伙伕房裡討一點花生油，在空墨水瓶蓋上鑽一個孔，用破布條做燈蕊，偷看著書。本來，這是不許可的，用功的人，長官也歡喜，所以裝作不知道。但在考試之時，仍是驚險地勉強通過，王文伯就比我省力得多。如今想來，以我的社會學科的程度，能夠提起勇氣，始終跟住他走，確是值得告慰的事。至於還有三個靜安寺的同學，他們一個是上士，一個中士也升了上士，一個上等兵也升了下士，但皆不願也像不敢參加任何一次的考試。因此，當我和王文伯升到少尉時，他們還是老樣子。這可能是他們的想法，和我們有所不同的緣故。

事實上，那三個同學的學問基礎，都比我深厚。

槍彈的眼睛

在軍中，趣聞很多，故事也很多，老兵們，還特別相信一個原則，那就是「善惡到頭終有報」。在槍口砲管前面討生活的人，對於善惡報應的事實，看得分外地清楚；有人以為子彈頭上不長眼睛，大多數的老兵，倒是相信子彈不是沒有「眼睛」的。據他們說：凡是趁著戰亂的情況，搶劫姦淫，或殘殺無辜，很難逃得過槍彈的「眼睛」；尤其是在戰爭之中，強姦了良家的婦女，那幾乎是百應百驗的事。如果相反的話，冥冥之中，總覺得如有神助似地能夠逢凶化吉。這種故事很多，在這裡不妨寫下兩個：

一個老班長告訴我：

以他記憶所及，軍閥式的部隊，最不像話，當他們打了勝仗，往往可以「自由」一、兩天，把收服的地方，縱然是老百姓，也當作敵人看，可以半公開地搶劫，也可以偷偷地姦淫。但有一次，在他們占領以後的第三天，敵人反攻了，他們措手不及，被打得落花流水似地逃了出來，歸隊之後清點人數，凡是姦淫了良家婦女的士兵，就沒有一個活著出來的！

又有一次，那是在山東省鄉下作戰的前一天，有一個士兵，對一個美麗的村姑動了歪腦筋，他提著武器出去，又嬉皮笑臉地回來，誰都猜想得到，他是吃到「甜頭」了。但是，到了第二天的清晨，戰火尚沒有開始接觸，他去外面拉野屎，就在這個當口，敵人放了向他們進攻的第一槍，這一槍，不偏不倚地正好命中在他的睪丸上！

這一位老班長呢？當十幾年的兵，打了不知多少次數的仗，何止九死一生？因為他的仁慈與善良，在好多次危難之中，不但得到了長官和弟兄們的照顧，也得到了老百姓乃至敵人的幫助與寬恕。所以他是堅決地相信，子彈頭上，的確長有「眼睛」。

通信隊

我的程度很低，我的資質也不高，我的意志卻很堅強，我的進取心尤其堅強，因為我是一個和尚，並且公開告訴大家我是和尚。和尚給一般人的印象是消極的、逃避的，乃至是悲觀的，我不希望大家在我身上證明人家對於和尚的看法。雖不希望事事站到前面去，至少不要樣樣落在人家的背後。

因此，讓我考取了通信隊，這是意外的，卻是欣喜的。通信隊，雖然也是軍部的學生隊，但與步兵的學生隊差別很大，這是一個以無線電技術為主的學生隊，訓練完成的學生便是預備報務員，便是見習的軍官，不像步兵大隊的學生，訓練的目的，僅僅培養步兵的班長，畢業生只是下士階級。所以在學生分子的吸收上，通信隊比較嚴格得多，不是高中畢業，至少希望是高中肄業的程度，否則，講到電學的時候就無法應付。因此，縱然在入學考試的時候僥倖地混過，入學之後卻有更多的考試，有大考、有小考，還有隨學測驗，如果是冒充著高中生混進去的，只要上了一課，測驗一次，就會露出馬腳來的。

這些話，都是通信隊的主考官講的，我也全部聽到了的。但我心裡雖怕，卻沒有因此而被嚇退向上的勇氣，我還是壯著膽子，從步兵大隊轉學到了通信中隊。

通信隊，雖以技術為主，終究還是軍人，所以在最初的幾個星期，仍以基本教練，占了大部分的時間。所謂基本教練，便是最最枯燥而令人頭痛的徒手教練——

立正稍息、解散集合、原地轉法、步法變換、方向變換、隊形變換，一直做到班教練和排教練，使我們都能擔任步兵排長的任務之後，才將重點放在技術上。其實，這裡的步兵教育是速成得可以的，把軍官學校二年多的科目，在數週之中就給我們教完了，腦海中也只能留下一點若有若無的印象而已。畢竟這是通信隊，步科教育，算是附帶的。

但在當時的局勢，非常地暗淡，大陸上宣稱著血洗臺灣，所以我們的隊長，每次訓話，都要我們把握時間，努力學習各種科目，一旦戰事臨頭，我們一百多個學生的通信隊，就是一個能夠獨立戰鬥的步兵連。

通信隊的隊址，正像所有的野戰部隊一樣，沒有固定的地方，一塊黑板，就象徵著這是一個學校化的軍隊；加上一架練習抄電報的揚聲器，就說明著這是一個通信隊。沒有固定的教室，樹蔭下、草地上、寢室裡，到處都是我們的教室。我們沒有課桌，也沒有椅子。一人一塊二尺見方的圖板、一隻尺把高的小板凳、一枝鉛筆、一本筆記簿、一本抄報用的白紙，這就夠了，這就是學生的全部所有物，這就是我們的學校。

通信隊的生活，跟步兵大隊的學生，雖然同樣地緊張，但是緊張的氣氛不相同，步兵大隊是緊張在行動上，一個隊的學生，就像一百多個用電鈕操縱的機器人，樣樣都是一致的，事事都是被動的，那種號音、哨聲，看來要比電鈕還靈，從來沒有失效的時候。但在通信隊，除了身體的行動要靈活，還要加上頭腦的反應要良好，因為這是以技術為主，不用頭腦不成功，有的同學到了深夜之後，還在那裡「噠噠滴滴滴，滴滴滴噠噠」（電碼符號）念個不休。向上心使得大家都有只許成功不准失敗的決志，否則，前途沒有希望了，回到原來的單位還得遭受譏笑！

我就是這樣的一個人，但我發現，我的程度雖低，我的成績並不低，這是從提心弔膽的情形下，勉強得到的一點慰藉。而我見到不如我的人，心裡總是痛苦，我怕那種情形會臨到我的頭上，所以也同情他們的那一份憂心，每逢淘汰了一個同學，我的心裡總要難過好幾天，他們臉上那種失望而悲傷的表情，好像就是我的遭遇。這也幾乎是多數同學或多或少都會感受到的一種同情，因為未到畢業那天，誰也沒有不被中途淘汰的把握。

通信隊，最初是在臺北市郊的大直營房。開學十多天之後，就是民國三十九年（西元一九五〇年）的陽曆年，我們，就在大直營房，度過了來臺之後的第一個新年。

第一次在軍中過年，樣樣都覺得新鮮，這與往年在寺院中的情調，完全不同。軍中的人多，人才也多，好像樣樣都有專門的人員去負責辦理，分成許多小組，各有各的任務：買菜的、監廚的、採松枝的、紮牌樓的、結彩帶的、做花球的、寫對聯的，還有排演話劇與雜耍節目的。當然，最主要的是吃與玩，所以廚房的工作最吃重，演戲的人員最吃香。

說到演戲，真是好笑，清一色的阿兵哥，照樣變出亭亭玉立的小姑娘，招待當地老百姓，他們還看不出那是偽裝的花木蘭。都是十幾、二十歲的少年之中，竟有梅（蘭芳）派的青衣，麒（麟童）派的老生，金（少山）派的花臉等等的清唱，當然，這都是他們自己吹的，不會真的是什麼派什麼派的人物。但是，這一個陽曆年，的確過得有聲有色，畢竟在通信隊的成員，要比一般的部隊整齊得多。所以這些活躍在當時的同學們，現在多半已經改了行，擔任軍中廣播電台的記者工作，以及各部隊的康樂工作了。

過完了民國三十九年（西元一九五〇年）的元月，我們便從大直營房搬到了士林鎮的泰北中學男生部。這本來是佛教界創辦的一所中學，後來因為佛教沒有人去負責監督，終於在無聲無息中變了質，不再存有一絲的佛教的氣息，這是非常可嘆的事！我們住的是該校的大禮堂，也是室內籃球場，用紙糊的板壁中間隔成三大間：一間做教室，一間做學生的寢室，一間做官長的寢室兼辦公室。因此，我們沾了學校的光，也有了上課用的桌子和椅子，真像是一所野戰軍中的隨營學校了。

此後，每天有一半以上的時間在教室裡，練習抄電報，並聽政治課與電學課，抄電報的速度，自每分鐘十五個字的符號抄起，中文抄到每分鐘一百二十字，英文抄到每分鐘一百字，才能畢業。自十五字到六十字，並不困難，六十字以上，愈向上愈困難；一週一測驗，一月一淘汰，到每分鐘的速度六十字以上之後，每逢測驗，大家的心情就緊張得透不過氣來。

我的抄報成績，不算好，也不算壞，未必每週測驗都滿分，每月平均，還算不差。如果我被淘汰，該淘汰的人當在三分之二以上了，但也沒有絕對不被淘汰的把握。最使我頭痛的是電學，電學本是物理學的一種，現在把它獨立一科，稱為電學。我沒有受過社會學校的正規教育，物理學的知識簡直沒有，物理學又離不了數學，我在上海卻僅學過算術。教官講電學，把我們當作高中程度，一開始就是演算電流、電壓、電阻的換算公式，弄得我莫測高深。但我有一股堅強的信心和笨拙的傻勁，以為任何學校或訓練機構，只是門牆太高，不易走得進去，一旦進去之後，我就有辦法克服所有學業上的困難。課堂上不懂，下課後我便懂了；第一次不懂，第二次我便懂了；我會加倍地用功，我會請教同學。當時，有一個不折不扣的高中畢業生，他姓程，他的英、數、理、化，都很好，他做了我私人教師，但他畢業的成績，並不比我好了多少。這個人對我很好，並且時常跟我研討一些哲學、佛學和文學上的問題，可惜他在民國四十年（西元一九五一年）就被肺病拖倒了。

我們在士林的泰北中學，過了農曆年，過了冬天也過了春天。我們僅以夾衣過冬，我僅有一條棉質的軍毯，度過了民國三十八年（西元一九四九年）的冬天，夜晚冷得難受，便將夾衣穿上，和身而眠。無處可以洗澡，中午如果遇到豔陽當空的天氣，便偷偷地溜到山澗裡去用冷水稍微抹一抹；為了禦寒，為了沒有多餘的內衫褲用來換洗，整個冬季，難得有幾次洗衣服的機會，衣領衣袖上的垢膩，結了厚厚的一層，也不去理它。加上稻草鋪成的席地之「床」，床下是地板，地板下是年久而被腐蝕的木頭。跳蚤的繁殖，特別猖獗；漸漸地，又發現了白蝨的蹤跡，不多幾天，白蝨與跳蚤也等量齊觀了。因此，我們的身上，總是感到癢癢的。看樣子白蝨比跳蚤可憎，但是白蝨的行動緩慢，容易捉住，跳蚤卻很狡猾，很難應付。不久，又出現了臭蟲！

於是，大家的身上，開始起了變化。很多人因為抓癢，抓破皮膚，成了潰膿的疥瘡。我是有生以來第一次身上生蝨子，也第一次害了潰膿的疥瘡！

當時，我們學生的階級是上等兵，每月的薪餉是新臺幣六塊錢，大約可買六包新樂園牌香菸。事實上，我們為了畢業時的同學錄、運動衫，以及加菜費，都得扣餉錢，每月到手的僅僅兩、三元。所以，如遇哪個過生日，能夠買五毛錢花生米、一塊錢太白酒，就算是大大的慶祝宴了。

正在這一期間，了中與能果二師，到泰北中學來看我與王文伯一次。他們二人，都是靜安寺的同學。民國三十八年（西元一九四九年），因為受了謠言的愚弄，臺灣的政府，雷厲風行地到處搜捕和尚，連慈航法師在內，好多出家人都被關進了看守所。未被抓去的大陸籍法師，有的也暫時穿了俗裝才敢外出走動。所以了中與能果二師，倒覺得我們在軍中是過著安定的生活。同時，當時也只有慈航法師敢收留僧青年，其他的人都在自顧不暇，也怕多事。所以他們兩人倒勸勉我們在軍中好好地學習，等待時局穩定再說。受訓期中的生活雖苦，生活在困苦中的人，倒不覺得如何苦法，士氣也很高昂，天天有東西可學，故也很有興趣。

受訓時，最怕的是夜間教育的緊急集合，那真是提心弔膽的事，夜間睡得好夢正酣，突然聽到淒厲悲涼的號聲以及急促迫切的哨音，必須一躍而起，在一、二分鐘之內，全副武裝，到操場集合。值星官從「向右看齊」喊到「向前看」的「看」字一出口，如果尚未到達隊伍之中，就要受罰。隊伍站好之後，官長們檢查學生的服裝，就有很多的笑話了：總有幾個慌張鬼，把服裝著得牛頭不對馬嘴，比如鋼盔的帽徽戴向了背後、上裝穿反了面、鈕扣扣錯了孔、褲扣扣在上衣孔裡、穿反了褲子的面、有一隻腳的綁腿未及裹好、有一隻腳的鞋子忘了穿上，最嚴重的是忘了帶上自己的槍！這是訓練應付敵人偷襲的緊急事變，如果不帶槍，豈非去送死？

民國三十九年（西元一九五〇年）五月，通信隊也住進了北投的跑馬場，這是一個訓練基地，營舍不斷地增建，環境不斷地美化，所謂「營房像花園」的情景，這時，真的被我們見到了，也享受到了。

六月，我們學成了報務技術，畢業分發至各下級單位去，擔任見習官的任務。依照預定計畫，以上士階級見習三個月升准尉，再過六個月升少尉，少尉一年半升中尉，中尉兩年升上尉。也就是說，不出五年，便可升到上尉了。

實際上，不數月間，軍中的人事凍結了，法令修改了，上士不得再升准尉。好像我生來就是一個當小兵的命，下了部隊，雖是上士見習官，仍做上等兵的工作，因我不是軍官，但也不是班長。

鬧營．鬼叫

我從北投的復興崗，跟幾個同學，被一輛大卡車送到了海邊的金山鄉，那是一個團的團部所在地，先到團部，再被送到通信連去。團部住在金山中學，通信連部住在鄉公所的樓上，無線電排住在天后廟裡，是借，也是強占，明知不受歡迎，我們還是硬住進去。要不然，豈能讓我們住在野外日曬夜露喝風淋雨！到此，我才明白中國軍隊何以喜歡駐廟的原因了。

國家窮，軍隊更窮，一日兩餐的二十幾兩米不夠吃，還得用米換了甘薯和著吃，當時的陸軍總司令孫立人，還宣傳甘薯的營養價值豐富，鼓勵士兵吃甘薯，想來真是一樁非常苦心的事！我們窮得連鞋子也穿不上，要自己到河邊上採了野生的美人蕉，剝了皮，曬乾了，打草鞋穿，我也就在那時學會了打草鞋的手工藝！像在這樣的情形下，政府哪能有錢到處起了營房給我們住呢？軍隊待遇的好轉，大概是在民國四十年（西元一九五一年）以後，蔣總統復職，美援也恢復，軍隊的營養才有了改良，從一日兩餐改為一日三餐，早晨有了豆漿，也有了饅頭。不用說，大豆與麵粉，都是美援物資。我們感恩蔣總統的復職，也感謝美國人的友誼。

金山鄉，我在那裡住了很久。現在，那裡已是聞名的海濱遊覽勝地，但在當年，海邊是一片黃沙，路上也是漫漫的黃沙，我們為了修建工事，吃夠了黃沙的苦，沙深沒及腳踝，拉著鐵輪車，或者擔著砂石擔，尤其到了日中的時候，走在黃沙翻滾的路上，簡直以為是誤入了地獄之門！那個海濱的港灣，也是小小的，大家都稱它為黃港，沒有觀光旅社，也沒有現代化的建築物，有的就是我們這些築工事的阿兵哥，以及海邊稀稀疏疏的幾家漁戶。不過，金山街上是有點迷人的，因為有天然的溫泉，據說凡有溫泉的地方，都會多多少少地有點迷人。但是，那種羅曼蒂克的情調，我始終悟不出來。給我的唯一好感，僅是廉價的溫泉澡而已，沒有等次，一律只要五毛錢，就可洗個痛快的澡。可是當我快要離開金山的時候，就漸漸地不同了，浴室分成階級和內外了，我們這些士兵，漸漸地被浴室的老闆向外面的大池子裡送了。

軍人，究竟是不平凡的，在當時的生活，困難重重，但是軍中就因此而產生了狂熱的克難運動。「拿破崙的字典中沒有難字」，被軍中狂熱地宣傳著，也狂熱地崇拜著。

於是，軍中自己動手建築克難營房子，克難、克難、克難，一切都是克難，不花錢，不擾民，卻能夠平地克難出營房來。得到地方民間的協助，借來了工具，大家上山，刈茅草、砍竹子、伐樹木；大家動手，平地基、打根腳、編竹牆、蓋屋頂，阿兵哥全部成了全知全能的工程師。二十天工夫，就能建好一幢營房。我們通信連的營房，是建在金山鄉的公墓邊上，正因為我們跟公墓做了鄰居，所以發生了幾樁怪事。

有一晚，大家睡得很熟，突然聽到有人直著嗓門喊叫，跟著，所有的人，也都直著嗓門喊叫，有的人連鞋子也來不及穿上，提著武器就向外跑。我，好像也叫了一聲，但我沒有亂跑，後來連長弄明白了情況之後，喊了一個口令，大家才明白過來，這是「鬧營」。鬧營，在老兵的觀念中，看得很神祕，認為不吉利，雖在新思想的年輕人都不信那一套，但在連上，終究死了一個人，那是我們通信隊的前期同學，雖然他是移防到了北投與淡水之間的江頭時死在野戰醫院的。同時，又因另外的一件事而發生了一樁意外的命案，結果，那個死屍就被葬在金山鄉的公墓中。

到了民國三十九年（西元一九五〇年）的農曆七月十五日，這是民間非常重視的中元節，相傳是鬼節，那天夜裡，下著毛毛的細雨；我，正好臨到午夜十二點到凌晨二點的衛兵，但在十一點未到，就被上一班的衛兵喊醒了，他不說明理由，光是請我陪他。十二點以後，只剩下我一個人站著衛兵時，先聽到屋後的大樹下一聲怪叫，不像人，不像獸，說不出像什麼東西發出的聲音，我想，也許是一種我從未見過的不知名的鳥罷？但我還是轉到屋後看了一看，用電筒照幾照，什麼也沒有。可是，當我回到原位時，又聽到有無數的小鴨在叫，好像到處都是小鴨叫的聲音，起初我以為真的是小鴨，然而明明就在跟前叫，卻看不見小鴨的蹤影，並且，當我用電筒照到右邊，聲音就到左邊，照到左邊，聲音又到了右邊，我真想不透了，這究竟是什麼東西在叫？既然看不到，也就不管它了。

兩個小時，好像很長，我也偶爾念念觀音聖號，終於時間到了，該我交班了。可是我下一名的衛兵，接了崗，看我進屋睡覺，他也進屋睡了，他說他寧願接受處罰，教我不要管他。

到了第二天，我明白過來，因為我們連上的人，都在談論，附近的老百姓，也在談論，說是昨夜中元節，「好兄弟」（鬼）們都出來聚會了。一聽之下，不禁使我毛骨悚然！我從來沒有聽過鬼叫的聲音，也從來沒有聽過像那晚聽到的那種聲音，小鴨的叫聲，畢竟不是那個樣子，現在想來還是說不出那是一種什麼聲音，直到現在，我再也沒有聽過與那同樣的聲音。本來，民間傳說的鬼，跟佛教所說的鬼，觀念上略有出入。那是鬼叫？那是屬於什麼性質的鬼叫？總之，那是奇怪的一次經驗。

行軍

我們住在金山的海邊，並不就是住著不動的人。軍人，不作戰就得訓練，訓練分有好多性質：有室內的，有操場的，有野外的；有白天的，有夜間的；有分散的單位訓練，有集中的基地訓練。另有行軍教育，是經常有的，有一次，從金山，經基隆，過臺北，到達樹林口的大坪頂，都是用的兩條腿。回程也是一樣。

我這個上士階級的上等兵，每次行軍，負荷真不簡單：一只背包、一枝步槍、一架五十三磅重的無線電收發報機，至於槍彈、水壺、乾糧等等，還不包括在內。

行軍是常有的事，長距離的行軍，不分晝夜，而且夜間行得更多；通常，小休息五分鐘，大休息一刻鐘。凡是行軍教育，很少有福氣走上平坦的柏油大馬路，經常是選擇山區的羊腸小徑，偶爾通過交通要道，那是不得已的事。

行軍行得久了，渾身疲憊不堪，因此，休息下來，就會斜倚著背包，昏昏地睡去，乃至在行進之間，也處於半睡眠狀態，兩條腿的動作，是機械性的，也成了習慣性的，如果不向前移動，後面的人，就會把你撞醒，睜一睜眼，繼續向前邁步。但是，行軍途中的最大苦事，乃是飯食的問題。耐得住飢渴的煎熬，也是軍人必具的條件。奈何，要是肚子餓了，口裡渴了，既無飯吃又無水喝的狀況下，每移一步，就像有千斤之重，恨不能把兩隻手也放到地下去，幫幫兩條腿的忙；背上的東西，愈背愈重，真像是泰山壓背，真希望有一位慈悲的菩薩，以神力為我減輕那些物體的重量。

說到飢渴，使我想起，訓練中的士兵，都像是餓鬼一般，上一餐等不及下一餐，肚子餓得鬼叫。特別是行軍途中，飢渴的感受，分外猛烈，而且也最現實，那會使你四肢無力，全身出汗，步履艱難，所以，我常偷著買些廉價的甜糕帶著行軍，路旁水田或山澗的冷水，則常是我們行軍途中的甘露。

有一次夜行軍，最最驚險。在黑漆漆的深夜裡，連星光也沒有幾點，我們盡是走的山路，而且是崎嶇曲折半倚半空的山路，但我並不知道這條山路的峻險，我的眼睛，有輕度的近視，當時還帶一些夜盲，我背著應背的東西，一步一步地跟著前面人向前走，有亂石路，也有泥沙路，有的根本不是路，還有幾處獨木橋。一路上，有人駭怕摔倒，我卻大大膽膽地經過了。可是，第二天日間，再從原路回程時，見到了數丈深的山谷，相當長的絕壁，那些獨木橋，就是跨過小澗小谷的橋樑，這條路的大部分，就在沿著山谷與絕壁之上前進，雖在山谷之間與絕壁之下，均是梯式的水田，但若背著笨重的東西，失足跌了下去，那也差不多了！故回程之中，倒覺得膽戰心驚地揑了一把汗。

一條棉被的故事

民國四十年（西元一九五一年）春天，我仍在金山鄉，但被配屬到小基隆的步兵營，那是位於淡水與金山之間的一個小鎮。直至民國四十一年（西元一九五二年）春季，在小基隆住了一年，這一年的海防生活，非常自在安適，我們一個電台，獨住一所克難草房。

那是一段最輕鬆最閒適的日子，沒有操，也沒有課，一天之中，僅向團部用無線電聯絡幾次，其餘的時間，全由自己支配。所以，那一年之中，是我軍中生活的黃金歲月，利用那段日子，看了好多的文學作品，往往獨自一人，捧著書，坐在靠山面海的小山崗上的樹蔭底下，一待就是半天；同時也利用我自己克難的書桌——其實僅是一塊木板釘了四條腿，開始學習寫作，第一篇由吳國權投到《戰鬥青年》，第一篇就錄用了，並且換回了三十多元的稿費，這個鼓勵是很大的。從此，我們軍中的刊物，常常見到我的散文，我也接到了特約記者的聘書，每月所得的稿費，如果寫得勤的話，超過了上士的薪餉，雖是軍中刊物，同樣也有稿費。當然，退稿的機會很多，沒有稿費的也不少，可是從此我卻成了軍中的「作家」，凡有文藝活動，都會有我的一份通知，雖然僅是一個軍的範圍，我也感到光榮，並且也是受著很多人羨慕的一份光榮。

就在那年的春天，我也收到了妙然法師的通知，邀我們上海靜安寺的同學，到北投的居士林聚會一次。那次，除了在基隆港務局的吳國權（原名彌贊，現在已是三、四個孩子的爸爸了，改在郵局服務，為人很好，對我很熱心）沒有到，性如正在中壢害肺病，所以也缺了席，其餘的，我們軍中的五人：關振、田楓（性慈）、王文伯（願殊）、何正中（明月）和我，以及自立、惟慈、妙峰、了中、幻生、能

同在軍中的三個出家人，右起了中、作者、田楓（此人已婚）。

果等同學，都到了，上海的師長中，有妙然法師、守成法師及圓明法師。

那天，我們師生十多個人，聚集一堂，都有劫後餘生的傷感，也有久別重逢的歡悅。妙然法師請我們吃了一頓，臨走時，還給我們每人送了二十元新臺幣做車費，他是大大地破費了一場，也使我們深深地感激在心裡。

那天，我的感觸很多：特別是見了自立與妙峰等同學，他們還是上海時的老樣子，所不同的，他們跟隨著慈航法師，學得更多，懂得更多，也更像是年輕的法師了。至於我們軍中的五個，哪還像是出過家的人呢！如果不是自己宣布身分，誰也不會從我們的身上看得出來；我們，幾乎已跟佛教脫節了！何時能夠再度穿上僧裝？絲毫沒有把握；能否再回僧籍？自己也作不得主了！

因此，在那一年之中，我為了多看幾次出家人，所以常常請假外出。北投，就去了四、五次，這在海防上的士兵，是難得的事。有一次，那是秋天將盡，冬季快到的時候，慈悲的妙然法師，知道我還沒有棉被，他便好心地送了我一條破得像豬油渣似的棉花絮，教我拿去重彈一彈，用它過冬，並且另外給我四十元新臺幣。以當時的物價，彈工以及買布做被套，四十元大概已可勉強了。說起買布做被套，我也真是愚蠢得可憐！我從北投下山，經過淡水鎮，為了趕時間乘公路汽車回至小基隆，又不知道一條被單究竟要幾公尺布？應該買哪一種布？所以，跑進一家布店，拿出四十元，說明買布做被單，長短與質料，完全請店主作主，那個店主，看來老實，心地卻是烏黑黑的。結果，他是給我剪了一段比蚊帳略微密些的粗紗布，從裡面包了出來，交給我，我無暇拆開查看，便匆忙地合著布包趕車子去了。這一塊布，畢竟還是做了被單，直到現在，我仍把它留著。被面布是向連部的補給上士要了幾條破軍褲連起來的。但是，經這一來，棉花絮彈不成了，只好拼拼湊湊，用線、用破布，勉強連成一條棉被的樣子。縱然是如此的一條棉被，已是當時士兵之中的「貴族」階級了，直到我升了軍官，才把它添了一斤棉花，重新彈了一彈。結果，王文伯調去金門，金門比臺灣冷，所以又將我這條新被，跟王文伯換了一條破棉絮，直用到我退役時，才把它彈成了現在的墊被。回憶當時，那種蠢法、那種苦況，現在想起來，既覺得可笑，又覺得酸痛！

另外，我要感激一位始終愛護著我的人，那就是南亭法師。

我在民國三十九年（西元一九五〇年）冬天，便與南亭法師取得了聯絡，那時他住在臺北市的善導寺，他寄給了我一些佛書，並鼓勵我為國為教，多努力多學習。偶爾，他也在信中寄給我十元、二十元的新臺幣，說是給我買糖吃。民國四十年（西元一九五一年）春天，我為眼睛的近視日深，在臺北就醫，南老人見到我的模樣，與上海時已大不相同，不禁有黯然神傷之感。他給我介紹了眼科醫生，並且給了我四十元新臺幣，送了我四罐煉乳。自此以後，南老人一直很關心我，每次去臺北，他總要送我一些錢，送我幾罐煉乳。在當時的士兵，能有福氣吃煉乳，實在稀有難得的事，所以大家也都羨慕我有這樣好的一位老師。

由於南老人的鼓勵，我對佛教的信心，也就日漸懇切起來，往往在行軍途中，也能常念觀音聖號，我在今天仍能對佛法有不移的信心和一點成就，南老人的鼓勵是一大原因。

我是出過家的小和尚，到任何一個單位，我都不瞞不隱，最初總是有人取笑，時間久了，反而覺得我是難得的。官長們見我看佛書，最初以為我消極，我把佛書也送他們過目一番，他們便不再批評了，甚至我一位大學畢業的排長，反而改變態度，讚歎佛教文化的精深偉大了。我的處世原則是不鑽營機會，不太露鋒芒，從來不出鋒頭，所以，我並不太受人家的注意，也沒有同事討厭我的；但我不放棄機會，也不小看自己，時時求取向上的努力，所以也能得到長官的愛護。在民國四十一、二（西元一九五二、三年）年間，我有一位姓張的副團長，幾乎要認我做弟弟；有一位姓陳的中校指導員，常跟我研究文學問題。

民國四十一年（西元一九五二年）十月，部隊整編，我又被通信隊的隊長調到軍部通信兵營，那時我們的軍部，住在臺北東郊的圓山忠烈祠。軍隊的機關愈高，流動性愈小，也愈能適宜於用功自修。因此，那時的我，有一個妄想：希望能以軍人的身分，在臺北市讀高中的夜間部，因我深深地感到，一個人，如果沒有中等以上的學歷和學力，到了任何場合，都會發現自己總比人家矮了一個頭；一個中等教育都沒有受過的人，能夠做些什麼而又能夠學些什麼呢？但是，由於實際環境的限制，那個妄想，始終是個妄想而已，所以直到我退役的時候，每每還在夢中夢見自己已經進了高中的夜間部。就是目前，如以高中畢業的試題來考我，怕還是不能及格，然而我已從其他方面的努力，補償了這一方面的缺憾。

民國四十二年（西元一九五三年）六月，我到了桃園縣的楊梅鎮，我已不再從事通信工作了，我在當文書上士了。像我這樣的一筆歪字，也夠資格當文書！所以除了向下級的行文由我抄寫，上呈的公事，就不要我動手了，這也使我樂得清閒。正因為清閒了，陸軍總部為了趕寫教育計畫，向各軍軍部調用文書，好的文書上士，文書官不肯放，我這個蹩腳貨，就給派去出公差了。到了陸軍總部，飲食比我們的部隊辦得好，同時，每寫一張蠟紙，還有五毛錢的報酬，我倒滿願意多寫幾天的。想不到，一天下來，就被一位負責我們的上校，很客氣地「請」我回原部隊去休息休息了！

但是，我在民國四十二年（西元一九五三年）那一年中，卻對文藝寫作，幾乎入了迷，所以也加入了李辰冬博士主辦的「中國文藝函授學校」，我是選的「小說班」。用心地研讀講義，用心地寫習題，也用心地讀小說和寫小說。特別還著重於文藝理論的研究。那時的我，幾乎也自命不凡地以小說家自居，其實，那時的臺灣，文藝風氣雖然很盛，作品的分量，卻是輕薄得很，何況像我這個既無學問基礎，又沒有實際經驗的毛頭小伙子呢？但在當時的我，很有雄心要得小說獎哩！結果，應徵了兩次，沒有得獎，也沒有入選，直到現在，反而放棄了這一方面的努力。

宜蘭受訓

我學的是無線電通信的報務技術，現在叫我當一個並不稱職的文書上士，真是學非所用。實際上，像我這樣的情形，幾乎各單位都有。因此，國家為了這一批人員的出路問題，特別由陸軍通信兵學校集中了再教育一次，增加一個法定的學歷，以備正式任用。

我，以及許多跟我同一命運的人，便被送到了宜蘭的通校。

考試，因為我是禁不起的，所以最怕考試，但到通校報到之後，卻又非考不可，學校稱為入學測驗，看看大家的程度，做為教育步驟上的參考。其實，如果考得不合要求，照樣要打回票。

在考試之前，照例地，尚有一次體格檢查。說起體格檢查，比起考場應考，還要使我擔心，我身材高，體重輕，不用說，我連一個常備兵的體位都不夠。記得有一次被好心的長官及同志們鼓勵著去投考陸軍官校，為了應付體格檢查，預先灌足了好幾磅的水。奈何，接受體檢的人太多，臨到我時，那些水，早已迫不及待地變成了尿，開了小差！我的命運也就不用說了。同時，我已用白聖老人給的一百塊錢，在自己的臉上架了一副眼鏡！

這次在通校，也許那架磅秤有問題，也許錄取的尺度較寬，體重一項通過了。量身高時，我故意把腿彎曲些，將頭頸縮短些，檢查的人雖然向我瞪了一眼，但也總算通融了。我擔憂的是眼睛，我有近視，且帶散光，還有砂眼；幸虧通信人員可以戴了眼鏡檢查視力，砂眼不是絕症，所以也通過了。想不到的事，終於來臨了：當我接受胸腔部門的檢查之後，朝我頭上「澆」了一大盆冷水，醫官說我肺部有問題，必須X光詳細檢查。可不是，像我這樣的身材與面容，哪能不像是肺結核的三期患者呢？其實，我從來也沒有覺察到肺部有問題。

跟我同樣被以為是「問題」人物的，一共有二十來個，我們這一群同病相憐的人，互相安慰，等待複檢。說也奇怪，我被醫官宣布成為「問題」之後，竟然發覺胸部真的有些異樣的感覺了。於是，我看其他的人，都在翻書本，準備入學測驗，我卻沒精打采地聽天由命。

過了一天，那正是入學測驗之前的兩個小時，通知下來了，准許我參加考試，另有十來個人，卻被安慰著回原單位好好休養。真是阿彌陀佛、觀世音菩薩，在我心頭罩了一整天的愁雲慘霧，畢竟消散了。但是，我卻因此白白地荒廢了一天，對於筆試，毫無準備！

入學測驗，雖然講究榮譽制度，事實上根本無從作弊，考卷分為單號與雙號的兩類，即使單、雙兩號之間，也有尺把長的距離，我真怕。但在考完之後，也成為通校正式的學生。那是怎麼考取的？若要說出一個理由，那只有「僥倖」兩字。

這是民國四十二年（西元一九五三年）十二月間的事。

通校的環境很好，但那環境的美化，是全體長官及學員生的功績，我們初到之際，還是一片黑沙飛舞的操場，每遇颱風出操，幾乎睜不開眼。但到民國四十三年（西元一九五四年）五月間，我們畢業的時候，全校已是青綠一片的草皮地了，加上花卉樹木的陪襯，每至晚飯以後，散步其間，確有置身於花園的情調。

畢業了，這是我在軍中生活的一大轉捩，由上士階級去通校，卻以准尉階級回原部（部隊也駐在宜蘭）。五個多月的時間，從士兵群中，讓我擠進了軍官的行列，苦熬了五年，至此確有揚眉吐氣之感。事實上，通校的訓練，一切都是學校化與學生化，一切有一定的規制可循，不必吃冤枉苦，所以，我在受訓歸隊時的體重，竟然增加了兩公斤。

通校受訓的一段日子，是值得紀念的。那時，星雲法師到宜蘭才一年，他住在雷音寺，我與王文伯一同去過兩次。雷音寺是古老的，並且還住有軍眷在內，給我的印象，並不怎樣好。星雲法師的房間很小，光線不太充足，擺了一張竹床鋪、一張舊式的書桌，很清苦，他客氣地拿宜蘭的名產金棗餅分給我們吃，但他說話的態度很持重；因為我在大陸時，雖已知道他的名字，他當時跟幾個焦山的學僧，辦了一份油印的《怒濤》月刊，星雲就是他當時的筆名，我的年齡大概小他幾歲，所以他也不知道我。由於這樣的理由，我們似乎並不感到怎樣的親切，以後也就不想再去了。想不到，後來的星雲法師，竟又成了我的好友。

那時通校的校長，是任世江先生，我雖知道，他是一位虔誠的居士，但卻不便晉見他。到我快要畢業的時候，才由白聖法師寫了一張名片，讓我與王文伯，會見了任校長，當時，希望他在分發工作單位上，能給我們一些幫助，他卻有心無力。後來，到我進行退役手續的時候，任校長雖已不當校長，畢竟又在另一方面給了我很多的協助，人與人之間的因緣關係，真是微妙極了。

民國四十三年（西元一九五四年）六月，隨著部隊的編調，我從宜蘭的員山，到了高雄的鳳山，這是我自民國三十八年（西元一九四九年）五月在高雄碼頭上岸以後，第一次再到高雄。高雄對我，一切都是陌生的，也是久久嚮往的。鳳山的山勢不高，不經當地人介紹還不易找到，但那是青年軍的搖籃，我對它懷有崇高的敬意，分發到野戰部隊去一批接一批的年輕而優秀的軍官，就是從鳳山培養成功的。

我們，住在五塊厝的大營房，這個營房，像一座城堡，也像一所村鎮，我們不用走出營門，營內樣樣都有，吃的、喝的、看的、玩的、聽的、用的等等，式式俱全，那些服務人員，多半是年輕的少女，那是會做生意的商人，跟我們的政工單位合作辦理的，因為沒有稅，所以也便宜。

當了軍官，在時間的利用上，比較自由得多，也充裕得多。在軍中，貪樂愛玩的人當然不少，像我這樣乃至比我更加用功的人，也是很多，許多的士兵，原來的程度還不及我，當我退役的時候，卻已是官校畢業的優秀軍官了。在軍官之中，自修用功的人更多，他們希望從自修之中求取更多保送深造的機會；一個軍官若不經常爭取深造受訓的機會，他便不會得到陞遷高階職務的可能，一切講求制度化的軍隊人事，天天都在求新、求好、求才、求能，不努力學習的人，就會落伍。所以，凡是有抱負、有志氣的軍人，不論軍官或士兵，他們都會利用寶貴的時間，開創自己的前途。

醒世將軍

民國四十四年（西元一九五五年）的春天，我隨著一個電台，配屬到高雄要塞，就是住在現今的壽山公園裡，當時的公園，漫山是雜草，以及成叢的相思樹，沒有開放遊覽，也不像一座公園。但我住在那裡，卻是很大的方便，常常去市立圖書館，一坐就是半天，看不完的書，可以借出來，看完了，再去換。因此，我自那時到民國四十五年（西元一九五六年）下半年止，在哲學、宗教、歷史、文學方面的書，看得很多，並且做了好多筆記。其中以文學作品看得最多，幾乎在當時所能借到或租到的中外名著的中文本，我都找來看了；同時費了一股子傻勁，為那些著作寫心得，編入名錄，分析書中人物的性格特點，注意作者表達人物的技巧。另一方面，我也勤奮地學著所謂小說的「創作」。

我寫了很多的短篇小說、散文，和自以為是新詩的詩，用幾個筆名，投向各處發表。到民國四十七年（西元一九五八年），我能於《佛教青年》上發表〈文學與佛教文學〉，並引起教內一時的爭論，那也要歸功於此一時期對文學、對寫作的研究。只以我的技巧尚未成熟，文藝的思想也未通透，所以，既未因此成名，更未因此成功。那時，我自己買了一張竹製的書桌，絕大部分的時間，便消磨在那書桌上。

我有幾位同學，也很用功，多數是為軍事教育的深造用功，用功的重點，很多是在英文，他們希望有機會去美國受訓，所以常往教堂裡跑，聽英語講道。另有一些則是為高普考而用功，用功的重點是在社會科學。他們見我用功的方向，不倫不類：看佛經、看文學、看哲學，又看宗教，所以好心地勸我，教我認定一個目標。其實我是有目標的，我既不想以軍人為終身的職業，也不想到行政機關討一碗飯吃，我是藉此機會打一打文學的基礎，然後再專志於宗教哲學中去，因為我的宗旨，很希望在可能的情形下仍做一個出家人。憑良心說，我之能夠塗鴉寫文學，主要是在軍中磨鍊出來的。

到了鳳山之後，我常去煮雲法師的佛教蓮社，在他那裡，我可借到一部分的佛書，並向他請教一些佛學的問題。那時的煮雲法師，已在全臺灣聞名了，他經常環島布教，我說他是一座活動的布教所。同時，在民國四十四年（西元一九五五年）十二月間，他又出了一本《佛教與基督教的比較》的演講錄，轟動一時。至民國四十五年（西元一九五六年）六月，基督教有個叫作吳恩溥的牧師，出了一冊《駁佛教與基督教的比較》，當我看了煮雲法師及吳恩溥牧師的兩書之後，覺得自己也可以寫一冊《評駁佛教與基督教的比較》。於是，僅以十來天的時間，寫成了五萬餘字，交由煮雲法師出版。這是民國四十五年（西元一九五六年）八月下旬的事。

正在這時，我也為著調換工作單位而忙。那是由於友人的介紹，考取了國防部的一個機關。至九月二十五日，我便奉准調到新店去了。

因為新店離臺北市很近，我與臺北佛教界的接觸，也就容易得多了。

自民國四十六年（西元一九五七年）開始，我為好幾家佛教刊物寫文章了。最先是因性如法師接編《人生》月刊，他知道我會寫文章，所以硬是逼著要稿，他對我一向也是不錯的，礙於情面，我就寫了，並且我也從此有了一個「醒世將軍」的筆名，這不是因了軍人的身分而取，乃是為攝化眾生與喚醒世人而取，這個筆名，一直用到民國四十八年（西元一九五九年）冬天第二次出家後，才停止使用。另外我從民國四十七年（西元一九五八年）元旦開始，同時用了

（2）

論著

人心的安頓和自性的超脫

醒世將軍

為攝化眾生、喚醒世人，作者以「醒世將軍」之筆名在《人生》月刊上發表文章。

一個「張本」的筆名，在《海潮音》及《今日佛教》上寫稿。

佛刊很多，為《人生》寫開了頭，其他幾家，也向我索稿。因此，我就放棄文學的習作，專寫佛學性的文章了。

寫文章的路子一開，思想一通，理境一現之後，便會源源不絕地一直寫下去，寫了一篇又有一篇，路線雖只一條，境界卻是愈開愈寬了，又像滾雪球似地，知識一天天地增進，文思也一天天地廣闊，不論看什麼書，不論吸收何種知識，均會匯集到我所歸宗的中心思想上去，漸漸融合，慢慢凝聚。做學問做到此一地步，真是一大樂事。但此在我，到了民國四十六年（西元一九五七年）才開始活潑起來的，雖然那也只是我在學問之門中見到了一線曙光，在思想之海中嘗到一滴之味而已。但是好多人以為我是開悟了。

有時候思潮澎湃，不能自制，即於抱病之際，也要執筆一吐。我在新店時的工作很苦。而且常常通夜工作，我不慣夜間生活，夜間工作之後的第二天日間，並不能夠將晝作夜，補足夜間的睡眠，故而每於夜間工作之後，次日又於白天讀書、寫文章。

因病退役

新店這個地方，除了工作辛苦，什麼都好，新店的碧潭是著名的遊覽區，我也在同事們的勸說中，在碧潭中喝飽過好幾次水，有一次大膽橫渡碧潭，差一點就做了沒頂之鬼，總算我在金山邊及高雄的西子灣，曾經有過被沖在珊瑚礁上弄得遍體鱗傷的紀錄，結果使我學會了最起碼的游泳術。新店的營房環境好，飲食也好，對我的親近佛教，那是更好。碧潭的附近有幾座規模不大的寺院，竹林精舍就是其中之一，當軍官之後，經濟情況好轉，因此，我的藏書愈來愈多，以致多得無處可藏，我便把它們寄存到竹林精舍去，證蓮老和尚，雖在大陸我對他早已慕名，到了臺灣才有機會拜見。證老後來見到好多家佛刊，經常有我的文章，他很歡喜，但也為我的身體擔憂，見我的身體愈來愈瘦了，每次見面他都要勸我幾句：「寫文章是好事，但也要有身體做本錢，古德說：法身要借色身修；身體雖是臭皮囊，沒有臭皮囊也修不成清淨的法身；文章寫得多寫得好，人家最多稱讚你一聲有智慧有聰明，拖垮了身體，卻只有自己倒楣！我見過很多聰明年輕的人，多因不懂愛惜身體而夭亡了！」這實在是金玉良言，使我非常感激。

其實，一個以讀書作文為樂趣的人，便不會以為讀書作文是有傷健康的折磨；相反地，我倒常因夜間工作，晝間失眠，感到煩悶急躁之際，以讀書作文來驅除那些惱人的情緒，故我很難感到讀書是件苦事。

我的身體日漸衰弱，乃至抱病，乃至因病退役，純以工作的負擔而來。那個機關的工作，性質特殊，每天八小時，三人一組，日夜輪流，工作之時，從上班到下班，均在聚精會神在手腦並用中度過，有時候連喝一口水的空閒都不易抽出來。在白天工作，已夠辛苦，到了夜間，更加難受，工作時很想睡覺，卻不敢睡覺，稍一疏忽，都有責任，早晨下班時，一身的疲倦，又有一頭的興奮，身體休息了，頭腦仍在工作，頭重腳輕，眼睛要睡覺，大腦在幻想——其實那就是神經衰弱所引起的神經過敏症了。往往在床上躺了半天，也捕捉不到一絲睡意。愈想愈睡不著，愈睡不著情緒愈壞，為了抑制情緒，我常練習靜坐，唯因我的神經衰弱，靜坐時始終不得要領。尤其有幾位促狹鬼的年輕同事，往往見我打坐，總會想出一點花樣來開我的玩笑，通常是在我面前怪叫，說是某某女同志打扮得好像狐狸精似地從我們的寢室門口如何如何地扭著屁股走過。見我不理睬時，就用兩隻手在我的眼前掃過來拂過去，只要我的眼皮稍微一動，就會引得他們哈哈大笑。有時候我也用默念佛菩薩的聖號來控制情緒，但也未必每次有效，念聖號不用分別心，過敏的神經系統，卻不容你不分別，胡思亂想，昏昏然，飄飄然，不知想些什麼，反把念聖號的念頭拋向了五里霧中。

但我並不曾因此而請求減輕工作，或者學著偷懶，我的工作成績，始終保持著甲等，我也時常獲得工作的獎金。直到我病了，不工作了，乃至退役之時，我還保持優秀同志紀錄。

我是民國三十八年（西元一九四九年）五月十五日於上海入伍的，至民國四十九年（西元一九六〇年）元月一日退役令正式生效，在軍中生活了一共十年零六個半月。但我在民國四十八年（西元一九五九年）四月二十七日因病「半休」，五月二十七日即遵醫囑請准休養，停止工作，直到退役，沒有上過班。所以，若就實際的軍中生活而言，我是剛好十年，這也是非常地巧合。然而，我達成退役的願望，足足使我苦鬥了一年又八個半月，從民國四十七年（西元一九五八年）四月十四日得病，至民國四十九年（西元一九六〇年）元月一日之間，因我患的是慢性的風濕症，醫院查不出病原，不能出具病殘證明。先與病痛苦鬥，最後七個月則為退役的問題苦鬥，再三再四地走到了山窮水盡，又再三再四地發現了柳暗花明，其間以南亭、悟一兩位法師，特別是東初老人給我的協助與安慰，使我永遠難忘。但是，另一位幫助我最有力的鄭介民先生，當我的退役手續辦好剛二十天，他就因心臟病突發逝世，這使我悲欣交集地哭了一場，並在他靈前誦了好幾天的《地藏經》。

第九章　回頭的路

東初老人

我在十四歲的時候，曾經為我的出家而編織過一個美麗的夢，那的確是一個夢，而且，那一場夢是幻滅得如此地快！狼山的環境，像畫一樣地優美，像詩一樣地可愛，可惜，我是生得晚了，去得遲了，當我上山的時候，那一幅畫已在剝落，那一首詩已在消失！

正因為我是抱著欣賞畫與詩的夢想而去狼山的，那跟出家與學佛之間有著一段距離，所以我也畢竟沒有保住那個出家的身分。

不過，那個夢是做錯了，那條路是走對的，所以繞了一個好大的圈子以後，依舊走上了原來的路。這個圈子繞得夠辛苦了，但也不是冤枉繞的，應該繞的圈子，不繞也是不行，否則的話，今日的我，又是怎樣了呢？像所有留在大陸的出家人一樣，那是不堪想像的。雖然，繞這個圈子，也似一場夢，而且似一場千嶇百曲的夢，比起第一個富有詩情畫意的夢，那是迥不相同。

因此，我對以往的遭遇，除了感到自己的罪障深重，並沒有怨尤可言。相反地，站在一個佛教徒的立場，對於順境與逆境，都該看作使我努力昇拔的增上緣。所以，幫助我的也好，打擊我的也好，在當時，我雖不能沒有喜與怒的分別，事後想

東初老人法相

想，我倒覺得他們都是我的恩人了。沒有正面的援助，我是爬不起來的，沒有反面的阻撓，我是堅強不起來的，鋼是鍛鍊出來的，能說鍛鍊的境遇是不需要的嗎？

最不容易爭取的事物，便是最可寶貴的事物，最可寶貴的事物，也必是最足以珍惜的事物。這一條回頭的路，是痛苦與折磨的代價。所以，我能有機會再度出家，是興奮的、欣慰的、也是悲痛的，因為這是多麼難得的因緣！佛說「佛法難聞」的真諦，我已經用著這個悲痛的經驗而有了領悟！

當我把一切的退役手續都辦妥之後，曾以慨然喟然的心情向東老人說：「這一次，我要好好地立志，做一個像樣的出家人，否則，我便對不起協助我的人。」東老人卻說：「對不起人家是假的，對不起自己才是真的；一切要對自己的責任與身分有交代有成就，才是立志的目的。」

這是很對的，現在的人，往往不能想到自己的責任與身分，光把眼睛朝人家看，看人家做好做醜，自己的做好做醜，也以為是因了人家而做，這就是無根無力的人。像這種人，既不能成就他人，也不會成就他自己。我真感激東老人的開示。

其實，能有一念為他人著想的心，已是有了自覺能力的人。回憶我在十四歲的那年秋天，去南通狼山出家，既無為人之心，亦無為己之志，很少有可敬的原因，也沒有多少宗教的情緒，係出於一種偶然的機緣所促成。因此，後來的捨僧從戎，並且一去就是十年，好像也是早就註定了的。

不過，我要特別強調，我的能夠再度出家，並且誓願再度出家，那是成因於童年曾經出家的緣故。致使我雖已經過了十年的風浪，這風浪之久，已超過了我初次出家時間的一倍，但仍念念不忘於出家身分的恢復。所以直到如今，對於童年出家時的環境和師長，猶覺歷歷如新，軍伍十年的生活，卻又恍如隔世了。

再度出家

因緣是不可思議的，在大陸來臺的老輩法師之中，認識最久的是白聖法師，親近最多的是南亭法師，見面最晚的是東初法師。我在辦理退役的過程中，最先請求的是白聖法師，其次相助的是南亭法師，最後助成的是東初法師。我與東老人第一次的見面，是在民國四十七年（西元一九五八年）的佛誕節，那是在臺北市新公園的音樂台前，浴佛大典尚未開始的時候，是由於我的同學，當時《人生》月刊的編輯性如法師的介紹。東老人為了助成我的出家，盡了最大的努力，他自民國四十八年（西元一九五九年）的六月下旬直到同年的十二月中旬，一直在為我的事情費神，也一直在為我的事情操心，他給我安慰和祝福，當我每遭挫折之時，他必給我鼓勵，我到北投去拜見他的時候，往往也會送我百呀八十元的零用錢。對於一個與他毫無淵源關係的我來說，這實在是一件難能可貴而銘感不已的事。

最初，性如法師曾向東老人提起，說我退役之後，重新出家之時，希望能給東老人做徒弟，東老人則說，他對收徒弟一事，並無什麼興趣。後來，隆根法師也代我向東老人提到這個問題，他還是說無多興趣。

上海靜安佛學院的已故同學性如法師（左）與軍中時的作者

漸漸地，我是真的退役了，我是必須重拜師父重新出家了，但還不曾確定，究竟跟誰出家。有一天，我在善導寺說起這個問題，演培法師則說：「現在由你選擇，臺灣的大德法師，誰都會樂意成就你出家的。」

以我的看法，從關係及情感上說，應該去請南老人成就；從恩義的觀點上來說，應該是請東老人成就。雖然這兩位大德法師，於德於學，各有所長，都是當今教界不易多得的大善知識。

也有人說：「你曾出過家的，你本來就有師父，何必再找一個師父的帽子戴在頭上？」我卻希望一切從頭做起，一切如法而行。童年出家時，幼而無知，馬馬虎虎還不要緊，現在中年再度出家，絕不可以再事糊塗了。當然，我也明白，既然重拜師父，重行披剃，師徒之間，有互相的權利，也有互相的義務，一個做徒弟的人，權利可以不要，義務卻不能不盡。所謂「師父的帽子」，當係指的是「義務」而言。

我不是忘恩負義的人，也不是輕易能被任何方式束縛得住的人，所以，我還是決定拜一位剃度師；並在恩義的原則下，我便請求東老人成就出家了。

本來，我的退役令是從民國四十九年（西元一九六〇年）元月一日生效，我也準備於退役生效之後，慎重出家；但在東老人的勸說之下，在民國四十八年（西元一九五九年）的農曆十二月初一日，我就改了裝，那有兩個原因：第一是性如法師已向東老人辭去了《人生》月刊的編務，東老人命我接替，並且為我取了一個法名叫作「聖嚴」，要在版權位置的「主編」項下刊出；第二是因為文化館自臘月初一開始打佛七，要我隨眾參加。因此，我在臘月初一的早晨，便以出家相和大家見面了。

原先隆根與性如二師和東老人接談的時候，東老人的計畫很好，準備給我舉行一個比較隆重的儀式，請臺北的諸山長老聚一聚，並且在剃度之時，受一下五戒，但到後來改變了計畫。不過東老人的意思，也是對的，他對我說：「你的福報有限，要是舉行儀式的話，請人家來，就等於向人家要一份禮；不請人家罷，那又說不過去。你剛剛出家，實在不宜勞累人家的。」東老人是一個最最惜福的出家人，所以他不會公開化緣，在省吃儉用之下，建築了一座規模不算小的中華佛教文化館，發起影印了一部《大藏經》，每年冬季，還做一次冬令救濟。

因此，當佛七圓滿，臘月初八的中午，僅在佛前上午供時，說了一個簡單的三皈。並無剃度的儀節，更無受戒的儀節。參加的人，只有我上海的同學，了中與性如二師，以及由法藏寺來打佛七的幾位尼師。午供之後，蓮航法師因為不知道我不

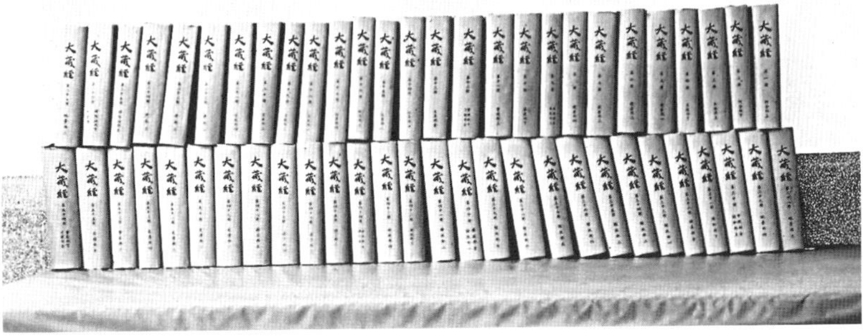

中華佛教文化館由東初老人主持影印《大藏經》正編

舉行儀式，也不知道我不想勞累人家，所以從中和鄉趕到為我道賀。因此，「來賓」也就僅僅是蓮航法師一個人了。照律制來說，這只算是皈依而不是剃度，但在中國的佛教，律制問題很不易講究，我既承認剃度，並且也請求了剃度，雖然沒有執刀而剃，也就算是剃度過了。

但在農曆十一月三十日的下午，也就是即將改裝的前夕，為了以後便於師徒相接相處的問題，我向東老人提出了四點屬於我自己的態度及願望：

（一）我的身體，一向不好。

（二）我將盡心盡力為文化館服務。

（三）我將來希望到其他地方住住，願師父允許。

（四）我將來希望多讀一些佛經，多用點修

持工夫。

東老人聽了之後，只說：「三分師徒，七分道友。你已不是小孩子了，一切均由自己作主。」不過，又在他的語意之中，說到我想去其他地方住住一事，雖然未說不贊成，但總有些不樂意。這一點，我是最感抱憾的事，為了能夠多用一點真工夫，在文化館先後僅住了兩年，便離開了；這也是最使他老人家失望的事了。不過在我尚未改裝之先的個把月，東老人也自動地談到這個問題，他要我出家之後，應該放下一切，少寫文章，多看經，多懺悔，並要我找一個道場像關仔嶺大仙寺那樣的地方，靜養靜修一個時期，然後再出來。可是，當我尚未改裝，便已接受了《人生》月刊的編校，這一個計畫也就無法實現了。

這次出家，雖沒有舉行出家剃度的儀式，但在事前事後，仍收到了幾位師長道侶的賀禮，他們是東老人、南老人、悟一、妙然、成一、蓮航、守成、隆根、性如、清霖、清月、慧敏等法師，以及孫清揚、張少齊、喻春寶等居士。我想，出家真好，才把頭髮削光，就有這麼多人的布施結緣。但是，我又不禁臉紅起來，剛把頭髮剃光，又憑什麼接受這些布施呢？這使我久久不能自釋，也使我更加堅定了將要多讀經多用功的願望。

早期中華佛教文化館舉辦之冬令救濟

從此，我已算是再度出家了，我已成為東初法師的徒弟，我已不再叫作張採薇，我已叫作釋聖嚴了。

說到更改姓名，真是一樁氣惱的事。內政部現行的姓名條例規定，僧尼還俗，必須改出家姓名為在家姓名，俗人出家，則不許改在家姓名為出家姓名。我們政府的立法機構，如果不是審查上的疏忽，便是有意歧視佛教而變相地否定了出家人的身分！

我，總算幸運，在第三級的行政機關裡，有一位姓劉

與師父東初老人在美之合影

的同鄉佛教徒，他辦戶政，他幫了我的忙，利用內政部准改「不雅姓名」的機會，把我的俗名改成了現在的法名，但是，我的俗姓，還是更改不成，因為，姓氏不可能有雅與不雅的情形。即使如此，我已感到高興了。除了大陸出家的僧尼，凡是臺灣的出家人，不論男女，還沒有另一位能把俗名俗姓在戶籍簿上更改過來的哩！

靜思

北投，過去是臺灣的八大名勝之一，現在的臺灣，雖已不止八大名勝，但是，北投的稱為名勝，那是變不了的。

北投，這是我初到臺灣時的舊遊之地，但是，自從「保衛大臺灣」而改為「建設臺灣為全國模範省」之後，那裡的旅館、別墅、公寓、飯店、招待所，一年比一年地多，也在一年比一年地高，一年比一年地大。天然的溫泉，加上人工的修飾，公園裡的花草樹木，涼亭石凳，種的種、起的起、油漆的油漆，到春天來臨的時候，映山紅，到處都有，櫻花樹，笑靨迎人，如因懶得去陽明山，在北投公園，照樣可以欣賞到同樣的花景。

早期的中華佛教文化館

我在「中華佛教文化館簡介」之中，曾經這樣寫過：「北投為臺灣著名風景之區，尤以溫泉淳和享名於世。山青水秀，綠蔭遍地，花木扶疏，旅社林立，每至假期，遊人如織，盤桓其間，如入畫境。中華佛教文化館，即在此一畫境之內的公園區中，位於新北投溯溪而上的兩山之間。」

可見，我能在文化館出家，實在是非常幸福的事。

文化館本身的情形，我也在「簡介」之中這樣說：「由大陸來臺之東初法師於民國四十四年（西元一九五五年）開始興建，先有佛殿及客廳各一幢，繼於民國四十九年（西元一九六〇年）秋季，影印《大正藏》正續兩編完成之後，復建印藏紀念堂二層樓房一座。故其既為弘揚佛法的道場，亦為美化風景的建築。」

除了庋藏好幾部《大藏經》及許多的佛教文物，還藏有《二十五史》一部。除了文化事業，還兼辦慈善救濟事業。其實，文化館是北投乃至陽明山地區唯一辦理文化慈濟事業的佛教道場。

終年不斷的潺潺溪水，從文化館的腳下溜過，遇到氣壓稍高的日子，或者是比較涼爽的季節，或者是每日的清晨，你會見到一群群、一簇簇、一條條的硫磺溫泉的蒸氣，像市集的炊煙，更像迷濛的焰火，婀婀娜娜地爬向空中，然後，在半空裡飄盪、起舞、幻變、消失。

從文化館一眼望出去，濃綠的大片樹林，雖在百尺之外，卻像伸手可及；那些紅牆綠瓦的建築物，嬌羞似地隱掩在綠蔭深處，巧妙地鑲嵌在山水之間，那是幽雅的，也像是神祕的。所以有一位居士去暫住的時候，要說：「這不就是極樂世界的景色嗎？」

出家之後的生活，要比軍中安定清爽得多，尤其是北投這個地方，有天然的溫泉，每天可洗一次溫泉浴，對於我的風濕背痛極有益，經過半年之後，背痛的感覺，已大為減輕。同時，在民國四十九年（西元一九六〇年）的冬天，至民國五十年（西元一九六一年）的春天，智光長老給了我一些錢，教我看了中醫，配了一付藥，吃了雖未有顯著的效果，但對我的身體的確有益。

民國四十九年（西元一九六〇年）開始，我的事情並不多，在那年的春天，我連做朝暮課誦，每天將近有五個鐘點的時間在佛殿上度過，每天上下午各看一卷經，除了早晚課誦，我還禮一支香的大悲懺。故在那段時間中，我看了一部《華嚴經》、一部《大涅槃經》，然到夏天以後，就不行了，正看《大智度論》，看了二十多卷便看不成了。

以後我在文化館，沒有什麼好做的，但在時間上，卻是零碎的，要想靜下來看一部經，似乎非常困難。再說，我的健康，尚未復原，除了編雜誌，幾乎也沒有精神寫文章，好像也沒有什麼可寫的。經常胸悶頭暈，到了民國四十九年（西元一九六〇年）的冬天，尤其畏寒，穿了很多衣服，還像沒有暖氣。有一次孫清揚居士見了我，認為我沒有寒衣，要布施我一件什麼的，其實，我是穿得很多了，身上就是不發熱。所以，要我一連覆幾封信，也覺得心裡慌慌的，頭腦空空的，手腕軟軟的。因此，有一次悟一法師問我：「你在軍中能寫許多文章，出了家，怎麼不寫了？」自從民國四十五年（西元一九五六年）冬季，悟一法師認識我之後，一直待我很好。但他尚不知道我已不能寫稿！

受戒．告假

當我出家以後，妙然法師教我看看沙彌律儀，以便做一個像樣的出家人。這一指示，對我非常受益。於是，我又知道我雖出家改裝，未受沙彌戒，尚是一個光頭白衣。我向東老人請示了好幾次，終於我在民國四十九年（西元一九六〇年）農曆六月十一日的晚上，在新店的竹林精舍，禮請隆泉老法師，做了懺摩，十二日的上午，又到臺北的華嚴蓮社，請智光長老，為我授了沙彌十戒。我雖兩度出家，可是第一次改裝，皈依的儀式都沒有做，第二度披剃，也僅說了三皈。到此為止，才算是個合法的出家人。故在當時的感觸很多，便寫了一篇〈由我受了沙彌戒說到戒律問題〉在《人生》上發表。

民國五十年（西元一九六一年）過年以後，我即做離開北投的準備，故託星雲及浩霖兩位法師為我介紹高雄美濃朝元寺去禁足。因我有一個感覺，師父的文化館，乃是用功的理想處所，但是，其他的人可在那裡安心用功，我這個徒弟，卻有不同。雖然，文化館終年只有兩次法會，一是七月份一個月的地藏法會，一是臘月上旬七天的佛七，平常或者也偶有堂把外來的佛事，但總不是經懺門庭，比起我在上海的大聖寺時代，這實在是一個安樂境界。然而，有一個門戶，就有生活，有生活，就有必須的應酬，如果師父他老人家在裡裡外外地忙，縱然不叫我做什麼，我非禽獸，豈能安心？否則倒像我們對換了師徒的輩分。

我自知障重，到了三十歲時，才算真的跨進了佛門。本來，人到三十歲之後，正應放手做事，我則不同，三十歲前，在學業及德業，幾乎是繳的白卷，尤其是佛學及修持，我必須趕緊彌補。要不然，心願厭離，卻是脫不了生死的黑業，心願度眾，奈何又肩不起弘化的重擔。因此，我準備要離開北投了。

但我此時，尚是一個沙彌。

很幸運，我在八個月前，就已知道了道源長老要傳戒。到民國五十年（西元一九六一年）的農曆八月，我受了三壇大戒。現在，將我受戒時的大致情形，抄摘我「寫完戒壇日記之後」的幾段話，用來說明：

我的身體一向瘦弱多病，故於八個月前，得悉八堵傳戒之時，我便天天定時定數禮拜觀世音。一則懺悔罪障，一則祈求加被，以期如願受戒。我於來山報到的前夕，仍在吃藥。一到戒期之中，雖然經過「波蜜拉」颱風的襲擊，曾將我內外衫褲淋得透濕，然而竟未因此害病。以後感冒在戒期中普遍流行，我也僅僅受到輕微的感染，吞了幾片「傷風克」也就好了。

這是我極感欣慰的事。

戒場書記真華法師向得戒和尚建議，要我負責「戒壇日記」。得戒和尚也當面做此示意。

我來是為求戒，並非為來寫文章。

只想讓我多動身體，少動腦子，尤其不要動筆桿。

然而，我的初衷，並未得到戒和尚及書記師的同意。

乃至出家戒期圓滿之後，仍被留了下來。

最糟糕的，我又被開堂師父內定做了「沙彌首」，這當然是他（白聖）老人家對我的愛顧，但我知道「沙彌首」是出鋒頭的，也是最辛苦的。

但到最後，還是沒有辭掉。後來開堂師父向大家說了個受戒不要當班頭的故事，來安慰各班班頭，並使戒兄們體諒班頭的苦衷，且有四句結語：「受戒切莫當班頭，生活行動不自由，戒師罵來戒兄恨，含著眼淚向內流。」

好在戒師慈悲，戒兄友善，戒期終了，不知是否有人恨我，總還沒有挨罵。

正因如此，我就特別辛苦了！

但是，三寶加被，我在戒期之中，一直忙著，精神一直很好，沒有發生障難，沒有感到不安。尤其在以求戒期間，竟讓我寫下了將近十三萬字的一本「戒壇日記」。

在戒期中另有一點可記的是我這個窮戒子，既然當了沙彌首，卻又無錢打上堂齋，這在白公老人命定我做沙彌首時，我便首先提出，他老慈悲地安慰我說：「要你發心為戒兄們服務，哪還要你出錢打齋。我與戒和尚也都知道你沒有這筆打齋的錢，如果一定要你打，我們出錢為你打。」這太使我感動了。戒期圓滿，戒和尚道源長老，竟還倒賜了我五百元新臺幣，這是相等於一份書記職的犒勞。原來，他老要我寫戒壇日記，目的是要使我安心地受下這筆厚賜。可見，道老、白老，以及書記真華法師，對於我的厚愛了。在此期間，陪堂悟明法師、三師父淨念法師、四師父淨心法師等，無不對我分外地照顧，使我銘感不已。也許我就是叨了曾經出過家的光吧！不過，後來我才知道，有幾位戒兄，滿望會做沙彌首或班頭的，故也準備好打上堂齋的錢，結果，戒場選拔班首的原則是年輕、活潑、反應力快、學習力強，所以多半選的是幾家佛學院的學生，並未著眼於錢，因此，那幾位失望的戒兄，也就不打齋了，相對地倒是念著要我打齋。我雖不是學生，經濟力量則和學生差不多，終於由七、八個頭合起來打了一堂上堂齋。

戒兄之中，有這樣的人物，出家來求戒，還想出什麼鋒頭，這個鋒頭何用呢？這只能證明一點：那就是「放不下」。後來這幾位戒兄不是勞累殞歿，便是離僧返俗。可知，出家而不生起厭離之心，終不免仍在苦惱中打滾。

戒期由民國五十年（西元一九六一年）九月十二日（農曆八月初三）進堂，至十月十二日（農曆九月初三）圓滿，整三十天。我是國曆十月五日（農曆八月二十六日）二十時四十分得比丘戒，一籤三壇共九個人，同時受羯磨得戒，這照律制而言，自是有問題的，然在我的心理上，總是受過一次戒了，由三師七證為我授過比丘戒了。

我被留過了七天的在家菩薩戒，至十月十九日晚上，始告假出戒場，返回北投文化館。

可是，回到北投住了幾天，覺得心裡很亂，因為我要向師父告假南下了。為了定一定心，我去新店竹林精舍誦了一個星期的《四分律比丘戒本》，為南下後閱律藏做準備。只是內心還是很痛苦，種種矛盾使我不安。因為師父只有我一個徒弟，我決心要走，使他非常傷心，他度我出家的目的，就是盼有一個親人在他身邊，而且他有一大套的遠景，希望我協助他實現，那麼，我的走，便是負恩無義！奈何我又不能不走。結果，我在我的日記上，為自己做了這樣的疏解：

徒弟不在師父座前服務，而要到別地方用功，這是不孝，但也真是無可如何，人與人間，現實與理想，總有一段距離，為了理想就不能遷就現實，還就了現實勢必放棄理想。因此，我對東老人，雖抱懷恩之念，也負愧疚之心，正如我對我的父母一樣，父母生我育我，恩深逾海，我竟未有一個報恩的機會。父母與子女，師長與弟子，前者的給予，總要比後者的報答，多而又多。這種自然律則，亙古皆然，此也正是後人懷念前人的一大根源，後人縱然念念懷恩，竟又永遠無法做到恰如其分的報答。

我今此去，雖非違背佛法，我卻不想用大話來為自己脫罪，所以我不配說以度眾生來做報答師恩，即使我今此去，是為求法，我卻尚沒有資格借用佛陀的話說「若不說法度眾生，畢竟無能報恩者」，因我尚不知道能否學成一個夠條件說法度生的人。所以我只能做一個念念懷恩而又無以報恩的人。

我寫了這段日記之後，心情平靜了很多，故在十一月上旬，再回到文化館。另一使我遺憾的事，是我負責編校的《人生》月刊，我的南下，便使《人生》停刊。我也萬萬想不到，一份發行了十三個年頭的雜誌，當它出了民國五十年（西元一九六一年）的十一及十二月的合刊之後，我就為它送了終，我自己成了這份刊物的「到頭編輯」！因此，我的離開，東老人是一千個不高興，但到最後臨走的前夕，我搭衣先在佛前及祖堂告了假，再向東老人告假時，他卻非常愉快，做了簡短的開示，並且賜我一疊鈔票。他老人家對我，畢竟是開明而又慈悲的。

第二天是十一月十二日，我提著簡單的衣單，再向東老人頂禮告假，他一直把我送到大門口，沒有說一句話，見我走遠了，我回頭看了幾次，他尚在門口站著。

補述一

一任清風送白雲

——聖嚴老人自述

成立財團法人

民國六十六年（西元一九七七年）十二月十五日，東初老人無疾坐化之後，我在美國紐約接獲了越洋電話，旋即於隔日夜裡飛抵臺北，接著，並在十七日召開第一次圓寂會議，商討如何處理東老人的身後事宜。

當時與會人士包括樂觀、悟明、靈根、妙然、成一、雲霞、蓮航、聖開、鑑心等法師，張少齊、陳志皋、張國英、王士祥、方甯書等居士，近二十位，皆是老人生前的僧俗道友及學生弟子。

東老人留下的遺囑共有三份，分別寫於：1.民國六十四年（西元一九七五年）

十二月二十日，2.民國六十六年（西元一九七七年）二月二日，及3.民國六十六年（西元一九七七年）十月二日，其中第一份與第三份時間相距了有兩年之久。在第三份遺囑的尾款中載明：「在此以前，本人所遺囑文獻，應以此為準則，其餘留作參考之用。」意思是唯有第三份遺囑的內容方可做為決定性的依據，其餘的僅供參考。

由於這三封遺囑中所提及的人選稍有出入，使得我在籌組文化館財團法人的董事會時，很費一番周折。

於法的立場，我忠於東老人最後的指示，是做對了，於情的觀點，因這些人都是東老人生前護持有功，為其所信賴的人選，若能全部聘為董事，當可為我分憂分勞；結果我畢竟是遵照了第三份遺囑的指示辦理，因此，使得我留下不夠圓滿的遺憾。

好的是，這幾年來，在全體董事的支持下，使我為了維持、發展文化館所付出的努力，並未叫人失望，那些關係人，見到我所作所為均很放心，在此我也感謝他們對我的體諒。

民國六十七年（西元一九七八年）三月份，在準備妥了法人登記的各項手續之後，召開了第一次中華佛教文化館董事會成立會，會中，我被選為財團法人董事長兼任館長。至四月二十九日再度赴美之時為止，已完成的下列幾樁事：1.文化館財團法人已經組成，並經法院公告完成了法定程序。2.鑑心、錠心兩位尼師是東老人一再交代要照顧的文化館原有住眾，均被請為監院。3.東老人的子孫都列入財團法人的成員。4.與美國佛教會合辦譯經院於文化館下院農禪寺，由文化館補助生活費及提供場地，薪水和辦公費用則由美國佛教會支出。5.籌備印行《東初老和尚永懷集》。6.為文化館成立了兩個護法團體，一是徐范五妹居士領導的慈善放生會，一是郭正順老居士領導的觀音消災會。這些工作均是在

民國六十六年（西元一九七七年）東初老人圓寂，作者由美國趕回臺灣辦理後事。

東老人圓寂以後，短短的一百多天之內陸續完成的。

繼承遺志

有關東老人留下的產業狀況，曾受到許多人的矚目。雖然他自稱已夠我做為發展佛教事業的酵頭。事實上，在董事會的處理過程中，卻發現並不那麼單純。

東老人的確是交代下了一些產業，但不動產在成立財團法人之後，就不能動用了。現金部分，他在遺囑中也自稱有限，除去了圓寂時間的費用外，又因繳納以下多筆款而告用罄：1.老人在生之日，未能辦好法人登記，以其個人遺產捐助變更為財團法人名下時，必須照章課徵遺贈稅。2.東老人生前以分期付款方式買下的文化館地基，繼續以一年多的時間付清尾款。3.東老人已申請要買文化館另兩筆地基，有一百多坪，在不久之後，我們也替他買了。4.東老人在生時，代替信徒及原住眾經手的有幾筆款子，不論有無單據，一律代為償付。

這絕非東老人始料所及的，也無形中變成了我的負荷。所以當我承擔起繼任人之後，即在東老人的遺像前稟告：1.盡力維護原有住眾生活，2.竭智實踐東老人遺志，3.絕不動用東老人的遺產。東老人的遺志可在其遺囑中一再見到，乃是「興辦佛教教育文化事業及社會慈善事業」。

自回國後，我仍有一半時間在美國，行政事務便倚重方甯書董事，財務則交由鑑心當家師代勞。記得我在國內的第一次過年，當家師向我訴窮，我便把皈依弟子們供養的拜年紅包，悉數轉交給常住，嗣後數年都是如此。東老人過去的經營方式我不會，事實上，我也不清楚他老人家的經營之道。加上我業重障深，福薄慧淺，從未有過經營道場及調教住眾的經驗。對於人事的處理，常現捉襟見肘的窘態。因此，有位住在文化館的老菩薩看見我的情形後，很同情地說我是從東老人處接受了一頂愁帽子。這頂帽子使我在一百天左右，突然白了一半的頭髮！

文化播種

根據東老人遺囑所列財團法人的目的事業，已經做和正在做的有如下各項：

（一）文化事業有四項：

1.東老人生前便勤於寫作，並從事影印《大藏經》等出版事業，民國六十九年

（西元一九八〇年）我們正式成立了「東初出版社」（法鼓文化前身），除了出版文化館原有的書籍外，主要是我的著作，至今已出版了四十多種，並繼續出版新書中。

2.《人生》雜誌：在停刊了二十一年後，於民國七十一年（西元一九八二年）八月以小型報紙形式復刊。最初是季刊，第二期改為雙月刊，十三期以後至今已是三十四期，一直維持月刊的形式。發行量從最初的幾千份，增加至目前的一萬多份，訂戶約占其中一千多戶。因此，經費來源主要是靠主動捐募及讀者發心捐贈、助印。

《人生》純粹是服務性質，為的是宣傳正信佛教，內容以我的開示為主，其他各篇文章也都很有可讀性，新聞稿倒在其次。先後已經過果梵等多位弟子的編輯，大家均很努力；自第八期開始，增加了不定期的訪問稿，許多讀者表示喜歡，我們計畫著，若因緣許可，將在五十期以後，恢復它「雜誌型」的面貌。

3.印經書贈送工作：我們曾印了《課誦本》、《地藏經》、《金剛經》的合訂本，林文忠公手書行與日課。最近也印了「佛學小叢刊」五十開及三十二開的精美小冊子贈送，包括《怎樣做一個居士》、《怎樣修持解脫道》、《原始佛教》、《為什麼要做佛事》及為方便老年人閱讀而特別設計的《念佛與助念》。這些文字上的宣傳，希望能使得佛法普及。

4.《東初老人全集》：將東老人的遺作整理精校，集為精裝本二十五開的一大冊，現已出至六冊。

百年樹人

（二）教育事業有四項：

1.接辦佛學研究所：民國六十七年（西元一九七八年）十月，中國文化大學的創辦人張其昀先生請我和成一法師兩人接辦中華學術院佛學研究所。最初是研究機構，聘請了正在國內外各大學或佛學院教書及學有專長的僧俗佛教學者，做為我們的研究員，每年出版一期《華岡佛學學報》，受到海內外學術界非常高的評價。民國六十九年（西元一九八〇年）起發展為教育機構，每年招收五至十名已經大學畢業的僧俗研究生，給予碩士課程的訓練，三年為期，以研讀中國佛學為主，印度佛學為副。同時，特別注重梵文、藏文、巴利文、日文、英文等語文教育。

佛研所在招收了三屆學生之後，始終無法向教育部請准立案，因此停招了一年。民國七十四年（西元一九八五年）我們另外成立中華佛學研究所，繼續招生，其課程、師資、學生、素質，都較以往更充實了陣容和內容。目前，已有兩屆學生修完學分，第三班也即將於今夏畢業。他們之中，已有人提出相當於碩士的論文，但無法授予碩士學位。更有出國深造的，像威斯康辛大學麥迪遜校區（University of Wisconsin-Madison）的梅迺文以及留學日本東京大學的惠敏法師，研究所本身及我個人都多少給了他們一些獎勵。

研究生上課不收學費，並供給零用錢的獎學金。每年的預算約新臺幣三至四百萬元，這筆錢的來源，主要是依靠我的關係和華嚴蓮社成一老法師的關係，籌募而來的。

2.三學研修院：民國六十八年（西元一九七九年）美國佛教會駐台譯經院，為了多種因緣而停辦，遂以譯經員和幾個參加我在國內主持第一次禪七的年輕學生為成員，共十名，藉農禪寺而成立了三學研修院。不設年限，以訓練弘揚佛法及住持三寶的青年僧眾人才為宗旨。直至目前，進進出出的有近四十位，現有學員二十三名，最初，文化館每月支助三萬元經費。逐年漸減，至今文化館已無有餘力支持，而完全由農禪寺以每月教禪坐和一年幾次法會的收入自給自足。

3.獎學金的設置：以我個人在文化大學教課的鐘點費，成立了「東初老人獎學金」，專門獎勵文化大學哲學研究所學生撰寫佛學論文者。另外，對留學日本的學僧也提供每年一千元美金以上的獎學金為補助。

4.教書：民國七十年（西元一九八一年）八月，我應聘為中國文化大學終身職的華岡教授，擔任哲學研究所的教職，並為文大哲學研究所及政治大學中文研究所博士班及碩士班的論文指導教授，民國七十四年（西元一九八五年）又應聘為東吳大學哲學系兼任教授，在學府中接引知識青年研究佛學的教育工作。

慈濟工作

（三）慈濟事業：東老人在世的時候，早已舉辦北投地區的冬令救濟，現在我們更擴大到臺北縣市的幾個老人院、教養院、育幼院和精神病院。民國六十七年（西元一九七八年），我第一次回國，發放總值約十六萬元，去年是民國七十四年（西元一九八五年），已增加至六十二萬元，今年除了冬賑發放了六十二萬元外，還將歷年來零星籌集的救濟款項共一百萬元，提供給臺北市社會局做為救命救急之用。另外，農禪寺的福慧念佛會有一個福田組，也經由實際的訪問後給予救急救難，並對特定的「廣慈僧伽醫藥慈善會」等團體及個人給予定期定額的資助。對於幾個特定的照顧戶，在每年佳節時期，也固定以金錢資助。

弘法活動

（四）法會：除了文化館定期的地藏法會及年懺外，最初一年有四次禪七，後來減為兩次，目前是兩次禪七、兩次佛七。禪七限定人數三十名，因常住眾逐漸增加，又擴展為五十名。佛七一為清明佛七，一為彌陀佛七，每次總有兩、三百

民國六十七年（西元一九七八年）在北投中華佛教文化館主持共修法會

人，我們的物質條件非常簡陋，主要是提供大眾的修行道場及修行方法，因此便用四句話來勉勵我們自己：「沒有琉璃飛瓦的建築，沒有盤龍雕壁的殿堂，我們只有赤忱的願心，奉獻給你修行的家園。」這四句話是農禪寺的常住眾倡出的，因為他們的感受上是如此。

我個人也盡本分在各大學佛學社團演講，每年並有一、兩次假臺北市法輪講堂公開講經，去年才移來農禪寺。國父紀念館曾講出兩次，高雄、臺南、臺中、嘉義、新竹、中壢、花蓮等各地，也經常有政府機關或民間團體邀我做學術或通俗性的演講。聽講的人多至兩、三千人，少則數百人。有些訓練機構像電信局，政黨機關像市黨部，民間社團如獅子會、扶輪社、青商會等單位若請到我，只要有空，我都會去。這幾年來，在體力、腦力上支出很大，又缺乏時間好好休養，因此，感覺愈來愈衰老。

農禪寺有一個「般若禪坐會」及一個「福慧念佛會」。「禪坐會」，是民國六十八年（西元一九七九年）成立的，主要是提供給曾在文化館及農禪寺打過禪七的人，每星期都有打坐共修的機會，參加者總有幾十人到百來人。對於禪的開示，即使未打過禪七的人，聽起來也有一番受用。根據「禪坐會」的基礎，而有「般若禪坐會」的籌組。

「念佛會」，成立於民國七十一年（西元一九八二年）。那是一些人自覺不適合打坐參禪，但他們也很喜歡農禪寺，因此，我們便提出念佛法門，藉以接引根性不同的人。念佛和禪本不相牴觸，從宋以後，更有合流的跡象。農禪寺兩方面同時並進，情況也愈來愈好。念佛會開始只二十來人，現已有二百八十多人。臨時或經常來但尚未入會的，人數更多，這使得北投街上，學打坐和念佛的民眾，漸漸增多，出家人上街也常有居士合掌請安的鏡頭了，這算是農禪寺為地方上提供的一種佛教化的服務。

節流．開源

（五）建築：文化館本身在東老人省吃儉用的開創下，已有不到二百坪的平房，因受地形限制，房子建得不規則，也不實用。所以，東老人一直盼望著將它賣掉，另找山坡地，建新道場。在民國六十六年（西元一九七七年）二月的第二份遺囑中便如此說：「待遷新址，以山坡地為宜，隔絕塵市為要，再議興學辦法。」但

新建之中華佛教文化館

找地不簡單，從他老人家到我現在都沒找到。尤其文化館是臺北市的財團法人，依法不能遷出市區另建。因此，在民國七十一年（西元一九八二年）我們便與商人議談，簽定就原地合建的條約，民國七十三年（西元一九八四年）正式建築，我們只提供土地，並且還以無息貸款的方式向商人借了一千多萬元，購買附近畸零地，增加建築面積，但仍然比照合約四六分的分配法，分到了增購地的權利，這固然是因為我們有優先購買權的關係，但建築商漢昇公司的篤信三寶，也是重要的原因。

新館已建完成，並且在民國七十五年（西元一九八六年）四月十九日舉行落成開光典禮。房子獨立一棟，每層一百坪，不包括地下室共有五層。在另一棟的公寓房子內，尚有二十個單位的房間，還保留了三百多坪土地的所有權，這使文化館的不動產增加了原有的三倍有餘。其中部分將撥為中華佛學研究所使用。

農禪寺原來只有兩層加起來約一百坪，本為農舍的建築，當住眾逐年增加了，由文化館的合建商人義務替我們搭建一些鐵架棚子，又由善信樂助增搭了一些現在像鴿籠式的寮房，可住二十多人，佛七之中，大殿能容納兩百人，全寺並可留宿一百多人。道場雖十分簡陋，來的人，都還相當喜歡，這雖是臨時的，又有什麼不是臨時的呢？能使用便好。不過，如果我還不死，也不遁走，還須準備另外地方安住大眾哩！

新館落成以後，電梯、佛像、家具，各方面添置都需要錢。而文化館及農禪寺，從原有的五人，到現在已增至三十多人，本身既沒有固定的收入做經濟基礎，教育、文化及出版事業又不斷在做，當然維持得十分辛苦，好在鑑心當家師非常節儉，他節流，我開源，共相努力下，仍可撐持下來。

創建東初禪寺

我民國六十六年（西元一九七七年）底回國之前，在美國已有點基礎，有學生跟著我學佛法，而且有人要跟我出家，因此，除了在臺灣進行文化館的維持與發展外，在美國也同時進行另一道場的開創，那便是民國六十八年（西元一九七九年）在美國紐約創建的東初禪寺。

最初身上只有七百元美金，沈家楨先生、仁俊法師、應太太在經濟上面，多少幫了些忙，我很大膽地便以分期付款方式，在紐約的皇后區買了一棟連地下室計三層的房子，又花了兩萬美金，用兩年時間，整理出地下室，打禪七可容納二十五人，聽經可容納百人。

開創之時，我已離開美國佛教會，為了找房子，雖在漫天飛雪的隆冬季節，我帶了美國徒弟，背著睡袋、衣缽四處奔走，時時準備睡在馬路邊上。有時夜宿信徒家裡，多半在中國城的浩霖法師處掛單，在這裡我很感謝他給予我不少方便；此期間遇到不少的人情冷暖，有的寺院，口上客氣說設備不好，恐怕怠慢，實則是拒絕我們借住。我卻過得非常愉快，常聽人說為法忘軀，以天地為家的生活，我多少體驗到了一點。那時，由於美國及中國弟子們苦苦哀求我，不要拋棄他們，我帶著他們從赤手空拳，發展到今天這程度，乃是不可為而為的情形下走

美國紐約東初禪寺

過來的。

到目前為止，東初禪寺的維持，仍是以會員按月繳會費的方式，主要是支持房子分期付款的錢。日常開銷的水電、瓦斯、飲食，則靠我上課、演講、教禪訓班、打禪七收費來供給，最初很艱困，也很踏實，現在已比較穩定了。

民國六十六年（西元一九七七年）三月起創辦了英文季刊《禪》雜誌（*Chan Magazine*），民國六十八年（西元一九七九年）十一月起增加發行英文月刊《禪通訊》（*Chan Newsletter*），對象是英語社會中，對禪有興趣的人。民國七十一年（西元一九八二年）為出版我的英文書，便於紐約成立了法鼓出版社。現正請專人編輯，將我在美國的演講、上課等一系列的東西，系統性向英語社會介紹出來，已出版者有《佛心》（*Getting the Buddha Mind*），這本書本錢已經收回來了，我們也在翻譯一些佛經和祖師們的詩偈、語錄，集結成小冊子貼錢出版。

隨緣．結緣

非常可惜的是，我的身體始終不好，在美國要趕工作，在臺灣也要趕工作，忙得沒有節制。本（西元一九八六）年三月十九日，在文化館召開的董事會中，董事悟因法師聽了我的報告後，替我捏了一把冷汗，他說：「法師要命，還是要弘化工作？」我倒真的沒想到要命不要命的事，能拖一天算一天，只是愈拖好像愈累，大概快近六十歲了，畢竟老了罷。所以向董事會提出辭去文化館館務的要求，結果未被會中接受，我再建議將文化館請董事鑑心比丘尼為住持，感謝大家體諒我，已於三月十九日落成之日，正式就任了。

因我目前，往往一睡下去，不知道明天能不能爬起來，第二天早晨總要以很大的意志力才能起床。主要是頭暈，身體不受指揮，但只要每天有一、兩小時打坐的時間，體力就能恢復一些。然在國內期間，有時似乎連這一點也成了奢望。

有段時間，到了美國，就不想回來臺灣，但一回到臺灣，又以為臺灣才是我埋身葬骨之地；既有人希望我在美國，也有人希望我在臺灣，而我個人的力量實微不足道，眾生的業力不可思議，世間的因緣不可思議，我只希望隨緣消舊業、隨緣結淨緣，如此而已。

薪傳

足以告慰於東老人的，他老人家的關係長輩、僧俗道侶、弟子學生，八年多來，仍在竭力護持文化館。文化館的新廈落成日起，已進入一個新階段，本館交由鑑心法師負責，暫時做為紀念東老人的祖庭。而其目的事業，在他老人家及三寶的庇佑之下，逐漸地由年輕一輩的出家弟子們，接替著來做，因為東老人的遺願，便是凡我佛子，人人有責荷擔住持正法、續佛慧命的如來家業。

四月二十二日，我與祖庭及農禪寺的同修，特地去日月潭畔的魚池鄉，探望師弟聖開法師，見其道場莊嚴，出家弟子數十人，威儀整齊，素質優秀，又是另一件可慰之事。

（一九八六年六月十五日刊於《人生》雜誌第三十四期）

補述二

我是風雪中的行腳僧

——法鼓山的未來與展望

我們對過去的歷史要回顧、緬懷和感恩，然而過去的時光不可能倒流，未來的腳步是往前移，因此，我們所處的時代是在過去和未來之間，也就是現代。

昔日的佛教，隨著時代的推移，不僅傳遍整個印度本土，且逐漸推展至中國、西藏、朝鮮、日本、東南亞、東北亞。所到之處，幸賴有識之士竭力弘傳倡導，使民眾由接納、實踐，進而融入其生活習俗。因此，各國所承繼的佛教，已非純粹的印度佛教，而是集各地歷史性、民族性發展之大成，各具有其特色。就以中國佛教而言，我們現在所穿的海青、袈裟、鞋襪，過堂、早晚課誦，乃至寺院的建築、佛像的造形等等皆已漢化。

融入習俗各具特色

中國歷史上經過無數次的戰亂，佛教歷史文物也經常隨著王朝的興廢遭受破壞，於毀滅之後又重整，重整後又被摧毀。所以，今日我們所見的佛教是明朝末年所成立，至於明朝以前的佛教面目在中國幾乎難以見到。尤其是明代的佛教至清朝太平天國時又遭遇到一次空前的大災難，佛教寺院受到相當大的破壞。民國三十八年（西元一九四九年）起，中共政權建立，接著有十年動亂的紅衛兵造反，佛教更是飽受摧殘。現在臺灣佛教並非漢、唐時代的佛教，而是我剛才所提到的明末清初被太平天國毀滅後又重建起來的型態。

以早晚課誦的內容和唱腔為例，皆在明末逐漸形成，明朝以前的課誦情形《大藏經》中並無記載；禪宗寺院持咒念佛在明代以前並不常見。明《蓮池大師全集》記載課誦內容便有咒語，現在的課誦就是如此，也就是說儀式、唱法都是明末迄清代以後漸漸成形。至今全國各地的寺院各有其不同的唱腔，但是僧服卻是統一的。

越南佛教課誦內容幾乎完全和臺灣一致，可知今日越南的大乘佛教始於清初，是從中國移植過去。

日本、韓國、西藏、南傳佛教課誦的內容都和我們不同，他們沒有蒙山施食和〈懺悔文〉，乃至也不誦《阿彌陀經》，〈懺悔文〉是中國人所編的，主要的內容是為八十八佛名號，以及《華嚴經》中節錄出的偈頌和經文所編成的，年代也不久。

過堂時所唱的〈供養偈〉，可能在宋代已存在，因為日本、韓國、越南所唱誦的內容大致也和我們一樣。

回顧中國佛教的演變可從課誦、服裝、寺院建築色彩及佛像型態看到，例如六朝時代的佛像都是瘦的，唐代卻豐滿鮮麗，西藏、南傳佛教及印度笈多王朝時代前的佛像也都是瘦的。日本早期的佛像是模仿唐代形式，所以他們的佛像個個豐腴圓滿，但是後代日本佛像也已日本化了，變成日本人的樣子。供奉、作畫都以十八羅漢為造形。

印度和其他佛教國家的寺院都很樸實莊嚴，以塔為中心，塔是供佛的經典和舍利之處，不像中國佛教寺院，有宮殿般地華麗非凡。出家人所住之處，名曰僧坊，是普通的房舍，而不像中國寺院的僧舍，有如皇宮般的建築。其因乃基於佛教初傳時，寺院是由皇帝所捐贈，有些是王公大臣將私人的官邸捐獻做為伽藍之用。

當我們初入寺門，即見肥頭大腹面呈笑容、手執布袋的菩薩像，此即彌勒菩薩的化身，與定應大師之像相似。大師生於五代梁時，浙江奉化縣，常露腹歡喜，手執布袋，應機市廛度化眾生，所以被稱為布袋和尚。韋陀菩薩，此乃韋將軍（天名），姓韋名琨，為南天王八將軍之一，曾擁護南山道宣律師，示現其前，見《律相感通傳》、《法苑珠林》卷十。伽藍菩薩，是護衛僧眾所住之園庭、寺院，乃護法護人，為漢將關羽所現。這些菩薩都是中國人，也是中國獨創。在印度、日本，甚至世界上任何國家都沒有這類型的菩薩像。南傳佛教、日本、西藏及早期的中國佛教有十六羅漢，可是傳到明朝後，中國人又加進二位中國羅漢。

以世界佛教為藍圖

至於法鼓山未來的建築，有人建議：如六祖大師的祖庭南華寺、寒山寺、少林寺、九華山，寺中應有敦煌的壁畫，一入山門應供四大天王、彌勒菩薩以及伽藍、韋陀等等。我回答說：「我們所要建的是法鼓山，不是南華寺、寒山寺、九華山、少林寺。法鼓山要有法鼓山的壁畫，要看敦煌壁畫何必到法鼓山呢？敦煌的畫是屬於敦煌的，不是印度的，當然也不是法鼓山的。如果想參觀南華寺請到廣東省，少林寺到河南省，九華山就上安徽省，不必在臺灣尋根，因為模仿而得的任何事物不會比原來的更好。」所以將來的法鼓山不供布袋和尚形的彌勒菩薩像，沒有中國古代武將形的四大天王，更沒有韋陀、伽藍菩薩，我們主要供的是釋迦牟尼佛，希望世界上任何國家的佛教徒到法鼓山就能接受而認同。他們所見的法鼓山也是屬於他們自己的，而不是看某寺院的翻版或劃定界限專屬某個國家。我們也計畫建造一所法鼓山歷史博物館，專門收藏具有歷史、藝術價值的佛教文物，只要我們具備現代未來性第一流的硬體設施，就不怕沒人捐獻佛教的歷史文物。因為收藏家對自己辛勤收藏的文物，會比對他自己的生命更重要，他們會考慮，如果留給子孫，子孫是否能守得住，若捐贈法鼓山則無此憂，且永遠地替他保管而名留千古。

凡是我的弟子皆應對法鼓山的未來持有共同的認識和抱著無限的期望；我們所有的建築物都有防潮、防風、防寒、防震等設施，因此法鼓山不會展現出富麗堂皇，反而是堅固、實用而具未來使用價值。

可是最近我的弟子之中，尚有人如此說：「師父身體一日不如一日，可能活不長久；現在的景氣很差，募款不易，師父從未建設過如此大的道場，大概建不起來了。」

好像他對師父失望到極點，對此，我必須告訴諸位，他顧慮得很周到，我很感激他。其實在我這一生中，幾乎到處會遇到這種人，這一生中，經常像是一個在風雪交加中向前邁步的行腳僧，可舉的經歷，幾乎都是這樣的。當我準備離開大陸時，佛學院的同學們傳說：「常進（那時的法名）那樣的身體也敢去當兵，保證他三個月不到就赴黃泉。」我準備三個月後赴死，人遲早總要面對死亡，結果三年前我回大陸，說我必死的人已亡，而我卻還活著。

隨部隊到臺灣退伍，然後又出家，出家後想去閉關，結果無一人贊同，而且異口同聲說：「你到山裡準備餓死，我們在臺灣較久，還有些信徒，手上還有幾個錢都不敢輕易去閉關，你才剛出家，就奢想閉關，簡直是做大夢。」同輩、長輩都如此，他們都不說：「聖嚴，閉關若遇到任何困境可以告訴我，即使要化緣都樂意支持你。」

當我再度出家已三十出頭，此命是撿回來的，能因閉關而死在山中也是我的福報，就餓死去吧！於是，在山中一住六年，不但沒死，又活著出來。

我在日本留學時，臺灣的朋友之間給我的流言又出來了：「大家都還俗，聖嚴一定也還俗了。」

我在日本時，來自臺灣的鼓勵不多，批評卻不少，經常聽到臺灣的好事者放的謠言：「聖嚴已經有人替他煮飯、洗衣，早已西裝筆挺。」你們的師公，一聽到馬上寫信給我：「聖嚴你拍張照片寄回給我。」當我收到信，怎麼也無法猜透他老人家的心意，只得奉命行事，結果他還是不信，繼續來信追問查詢：「相片是不是真的近照？」無奈，便請示他老人家怎麼回事？最後才說是流言所說，然而他仍抵擋不住流言的困擾，乾脆親自到日本仔細調查看我的房間，是不是有一絲的蛛絲馬跡可供二人共住的房間。

山窮水盡總見柳暗花明

在日本五年，快得到博士學位時，有位比丘尼來訪說：「聖嚴法師，何以不還俗？」我很訝異地問：「你希望我還俗。」比丘尼說：「你不可能不還俗。」我說：「什麼意思？」他說：「時間未到，只要博士學位一到手，馬上還俗。」我說：「何以見得？」他說：「未取得博士學位，你覺得名利地位不夠，你只能教中學而不能在大學任教，博士文憑入手則不必擔憂生活，日本人也會請你，所以，你應該會還俗。」我說：「不會的。」他說：「不要答得太早。」

博士學位讀完回國，大家都以驚奇的眼光看我，不久我便向你們的師公告假說：「臺灣佛教界似乎不歡迎我回來，我不知回來做什麼？」師公說：「什麼人都不要你，我們文化館要你呀！你回來吧！」「回來做什麼？」「把文化館交給你。」「你老人家身體還很健壯，文化館也沒啥事，過幾年再回來。」「你在日本沒有還俗，是否準備到美國還俗？」「不會，在日本都不會還俗，何況是美國佛教會請我去。」「你是學日本語，怎能到美國呢？」「當初前往日本不會日語，現在去美國也沒有問題。」

到美國佛教會以後，承蒙沈家楨居士支持我去學英文，可是周遭的人都反對並且說：「沈先生，你怎麼不問問聖嚴法師幾歲了？」「我現年四十五歲。」「一個四十五歲的人還想學英文，能學成嗎？不要白白浪費金錢，語文須在年輕時學，年紀大了很困難。」「我也相信年紀大了，大概學不好。」沈先生說：「既然來了，就試試看。」

因此我便去試試看，結果學了二百多小時，還是沒將英文學成，他們又說：

「年紀大的人怎能學好英文？」然而就因為我學了二百多小時，遇到美國人不會當啞巴或聾子。人家說一句可通，我說二句也可通，人家講一句別人可以聽懂，我請他講二句我也可以懂，如此，在美國一住十幾年，也接引了一些美國人，有些中國人又說：「法師，憑你這種破英文，就想度美國人，我們在美國時間比你久，都不敢打入美國社會，美國人是非常難度的，你不要打妄想。」「我試看看。」後來我在美國度眾有所心得，於是將經驗帶回臺灣度眾，也非常順利。

當我要離開美國佛教會時，又有人說：「聖嚴法師，你離開美國佛教會是絕路一條。」「為什麼？」「美國佛教會有雄厚的經濟基礎，環境幽雅，以財力、物力、人力種種關係而言，你留在此地，方有所成且相得益彰，你到美國不過一年多的時間，假使離開，對你而言是可惜又冒險。」

我在臺灣已有一個地方必須負責，無法全天候地在美國佛教會，所以毅然地離開。確如他們所預料，離開後，真的無處可安身，天天背著睡袋，身邊跟著洋徒弟在大街小巷跑，不知夜來棲息何處。但是絕處逢生，經過千辛萬苦終於在美國生根住下，雖然英文差勁，但在弟子們的協助下，英文書一本本地出版，也深受美國人士歡迎，甚而各大學紛紛以它做為課本。乃至於譯成義大利、捷克斯拉夫、波蘭、葡萄牙、西班牙等文，這一點點的小成就，所憑的是補了二百多小時的英文。我在北美乃至英國，由於弟子們的語文支援，至今也有不少信眾，並且在十四個州、三十三所大學做了八十多場的演講，聽眾是西方大學生、研究所學生和教授群，我所依仗的就是那一點點破英文。

我初回臺灣，也幾乎沒有幾個人看好我，雖然我接受中國文化大學的邀請，擔任中華學術院佛學研究所的所長，但是經費必須自備，佛教界絕少有人願意支持我，當時我剛從美國回來，沒有信徒，只有和李志夫教授及另一位熱心的友人下跪求得成一法師的慈悲，委屈他做了我們的副所長。臺北市華嚴蓮社數十位信眾也支持研究所，那時在文化館和農禪寺師公老人只留下三十多位信徒。他老人家是精中求精，不隨意收皈依弟子。不久謠言又起說：「聖嚴法師的研究所半年後就會關門。」結果不但未關門，反而於二年後開始招生，而每次招生時，連學生們都會問我：「所長下學期不知是否能開課？」我說：「為什麼不開課呢？」「聽說所裡沒有經費。」「沒經費去找啊！」「據聞所長沒有信徒。」「我的信念是沒有信徒尚有觀音菩薩。」

《華岡佛學學報》前三期是由前任所長張曼濤先生出版，從第四期起由我接辦，第四期出刊後，尚有一篇遲到的文稿未用，結果作者希望取回。我說：「為什麼要取回稿件呢？可以留到第五期用。」「我不敢相信第五期能出刊。」「第四期已出，第五期當然也會出刊的。」「不，等你要出刊時，稿子再給你。」唉！的確，一期的經費需四十萬元新臺幣，相當龐大，也不易籌措。

東初出版社辦完登記以後，馬上有人問：「你的出版社將出什麼書？」「東初老人的書。」「能出版嗎？《東初老人全集》經費要多少？」「計畫大約二百五十萬至三百萬元新臺幣。」「現在你到底有多少經費？能出版嗎？」「大概不足五十萬。」若照預算根本無法出版，結果呢？《東初老人全集》出版了，我們的書也一本一本地出版。

《人生》月刊復刊也是如此，第一期是方甯書教授主編，然後是梅迺文接編二、三期，大家都說《人生》要停刊了，結果，《人生》從季刊變成雙月刊，再從雙月刊變成月刊，如是一期又一期出刊，如今已是九十期了。就好像我的身體一樣，每天看起來就快死了的樣子，卻又一天接一天地活了下來。

往前走才有前進的目標

我於本（西元一九九一）年元月份剛回國時，一位好友打電話來關懷我說：「你的法鼓山進行如何？聽說那兒是禁建區。」「沒問題，我們進行得很順利。」「你開始建了沒有？」「還沒。」「還沒建大概是建不起來？」「誰說的呢？」「你的一位戒兄說的，法鼓山大概沒希望了，已進行一年多，根本沒有辦法，建設的經費如何？」「目前不是很多，但陸陸續續捐入。」「法鼓山是否受到核能發電廠的威力影響，會不會有危險性？」我說我曾請教國防部長陳履安先生，我將法鼓山的地理位置告訴他，他說：「不必聽信外傳的危言。」後來我又請問一位專家什麼是空浮？他說：「空浮是輻射塵，如雲霧隨風飄動，瀰漫空中。」核能廠的位置在石門及萬里，風是向臺北市吹，萬一發生意外，最危險的地區是內湖、南港、臺北市。法鼓山在金山，在兩廠之間，各距六公里，以風向習慣而言，反而是安全區。

我們已取得政府各方面的同意，同時也得到各部門的許可、證明，我們水、電、瓦斯、道路等都沒有問題，國防部也曾會勘，軍事方面也沒有問題，任何一

作者努力建設法鼓山成為具有時代前瞻性的現代佛教中心

方面都沒有問題，到目前為止，法鼓山好像紋風未動。可是我們要知道，這好比煮菜，我們得先到菜市場選購菜樣，然後洗、揀、切、配、下鍋，最後上桌才看到菜，還未上桌前根本不知是什麼菜，而我們的法鼓山目前所進行的階段是在選購配料之中，此過程須耗費一段時間，計畫籌備好以後，才能建設。至少政府和民間都同意我們在金山建設。

按照計畫我們須有十二米寬的路，目前只有六或八米路，而鄉公所計畫只十米寬，因此地方政府及當地民眾，也極樂意助成我們十二米寬的道路。

我們第一期的工程計畫是：事業開發、水土保持、建築執照等之申請，現階段已通過前兩項。內政部營建署於一年中通過二十六項，這都是政府和民間的協調溝通所得的證明，我們每一項都在摸索中進行，是以人力和時間去奔走所得到的成績。我們常住大眾並沒有實際去參與，即使參與也不易達成，因大家都沒經驗之故。

法鼓山的未來是以我們為工作群，而以全體佛教為著眼來經營它，我們應該具備共同的理念和認識。這是我今晚召集大眾的目的，告訴各位佛教的歷史背景，佛教的現在和未來。法鼓山是站在歷史的現在而往前看，法鼓山是具有時代前瞻性的。因此，各位心理須有一共同的認識，往前走時才有前進的目標，不要以自己的意思來處理大眾之事，不以個人的管見來衡量法鼓山，不以自我狹窄的眼光看師父。當做師父的左右手，當做師父的後援者，更盼望你們能做法鼓山佛化事業的先鋒。

（一九九一年二月十五日新春初一晚上於北投農禪寺對常住眾開示）

補述三

與李總統及俞院長談禪修

回想以我出家人的身分，先後得與三位總統及一位副總統見面、握手、敘談，這應該是歸於出家人的光榮，絕非我個人的成就。

民國六十四年（西元一九七五年）春，我剛獲日本東京立正大學文學博士學位，當時由我國政府的駐日代表馬樹禮先生，在六本木的隨園設宴慶賀。不久，文化參事處即通知我，要我準備回國出席第四屆「海外學人國家建設研究會」。這固然是因為日本的文學博士難得，也由於我是出家人身分，故被遴選上了。否則，當時在日本的中國人之中，擁有博士學位不少，何以唯獨我有這份殊榮！正以回國出席會議的因緣，七月二十七日下午三點，至桃園慈湖，向先總統蔣公謁陵。當時任行政院長的經國先生，即在蔣公靈前，與我們一一握手，表示致謝。八月三日晨，經國先生假臺北市三軍軍官俱樂部，以燒餅、油條招待我們早餐，並先一步在用餐地點佇候，進門時，再度與我們一一握手，表示歡迎。八月十二日晚上，當時的總統嚴家淦先生，假臺北賓館的後苑廣場，招待我們晚餐，見面握手慰問之際，發現有出家人在列，又由教育部長蔣彥士及救國團主任潘振球兩位先生特別為我介紹我是江蘇常熟人，嚴總統即好歡喜地與我多談了幾句。八月二日上午，則在南投的中興新村，拜訪了當時擔任臺灣省政府主席的謝東閔先生，他在省府大廳門口，含笑迎客，而且事先已看過有關我們這批訪客的資料，所以一見到我，就用日語跟我握手招呼，同時叫出我的名字，使我留下極其深刻的印象。不久，經國先生與東閔先生，分別當選中華民國的第五屆總統及副總統。

時隔近十三年，又由於意想不到的因緣，本（一九八八）年三月二十八日晚上，第七任總統李登輝先生，派他的座車，由朱素心女士隨同，到臺北北投的農禪寺，接我至他的官邸，做了兩小時多的盤桓。進門後，在其客廳落座不久，首先出現在我們面前的是李總統的少夫人張女士以及他的稚齡孫女，向我及我的侍者，稱師父且問好。接著是穿著旗袍的總統夫人曾文惠女士，含笑進入客廳，親切招呼。隨即李總統以家常的便服，穿著平底布鞋，進來跟我握手，表示歡迎，分賓主就座之後，李總統即帶笑致意：「對不起，剛洗澡，讓法師等候。」

接著他說：「大家知道，我信宗教，已經很虔誠。」他是基督教長老會的教友。我說：「沒有關係，有信仰就好。而禪不是宗教，靜坐與宗教無涉。」

李總統又說：「早年我在日本也接觸過禪，那是鈴木大拙的著作。聽說，現在的禪，有些不同了，是嗎？」我答：「鈴木博士的禪書，主要以近代西方哲學理念，介紹東方古代的公案語錄，深受五〇年代至七〇年代之間歐美讀者所喜愛。目前的禪風，則是傾向於生活的實踐為原則，而古代中國的禪，便是不重理論而重實踐的。」

李總統說：「我以為宗教應該從靈修生活中體驗。」我說：「是的，我也看過總統在花蓮慈濟功德會所發表的見解。」

總統：「聽說法師在日本七年，你的禪也是在日本學的嗎？」我答：「我是童年在大陸的禪寺出家，到日本也參訪了幾位禪師。」

總統：「在日本的京都嗎？」我說：「我的學位是在東京的立正大學完成的。總統是留學日本的先輩。」

總統：「法師看來很年輕，是大陸哪一省？」我答：「總統看起來也很年輕。我是生於江蘇省。」

總統：「我的虛歲今年六十八。」我說：「我是民國十九年（西元一九三〇年）出生，今年虛歲五十九歲。」

總統：「謝謝你，去年給我兩本尊作，我已讀過，現在存於總統府。聽說法師又快要出國了，在美國也教禪坐嗎？」

「是的，我有一個道場在紐約市，所以每三個月即往返臺北與紐約兩地一次，一年之中有半年在美國。那邊的英文名稱是 Chan Meditation Center，以英文出版禪學書刊，初以西方人為主要對象，現在，東方人也漸漸多了起來。」

接著便把我們初級禪訓班全部八小時的課程，濃縮成八十分鐘，為總統夫婦說明，其少夫人張小姐在一旁筆記。李總統領悟力高，反應快，雖然身材魁偉，動作卻很穩重敏捷，很快便進入情況。課後，以蘋果餅招待，我用日語說了一聲「いただきます」（開動了）使他們全家歡然，李總統還特地叫他的小孫女，跟著複念一遍，氣氛輕鬆愉快，好像也使他回到了留學日本的時代。臨別時，夫人曾文惠女士又補充了一句：「大概因為法師在日本住過七年的緣故，看起來好像是日本人。」我說：「是的，我在日本時，也常被日本朋友當作日本人看待，也許我的面貌有點像，日語發音也帶點東京味道。」其實是「一切由心造，萬法唯心變」，只要內心想著你是什麼人，人家也會感覺到你是什麼。我在日本如此，到了美國，在西方人群中，也很少有人感覺到我和他們之間有距離。甚至讓他們覺得，我就是他們家族親友叔伯父兄中的一分子。

晚上九點五十分，我向總統全家告辭，他們也一直從客廳送到玄關的門口，李總統最後還說：「我希望保持每天打坐的習慣，過些時再請教。」

以同樣的因緣，過了一週，到了四月四日的晚上七點，也由朱素心女士，坐著行政院長俞國華先生的警衛車，來到臺北北投農禪寺，把我接到臺北市俞院長的公館。

在俞公館的客廳裡，俞院長及其夫人董梅貞女士，同時出來歡迎。院長已七十多歲，而浙江的鄉音依舊，夫人的國語卻很標準。俞院長問我在美國哪一州？我說紐約市，他用英語重複：「哦！New York City.」接著問：「哪一區？」我說：「Elmhurst, Queens Borough.」俞院長及夫人，聽我用英語發音說出了地名，覺得非常高興，同時告訴我說：「噢！我們到過 St. John's University，離你那邊不遠吧？」我說：「是的。」這幾句對話，一下子使得彼此間的距離拉得很近，好像相互之間，老早就是隔壁的鄰居一樣。

俞院長又問：「美國人之中學佛修禪的多嗎？是哪些人？」我說：「漸漸多起來，多係年輕的知識分子。在國內的情況，也有相同的趨勢，十多年前，尚以年長的婦女為多，目前的年輕人之中，信佛的已在逐漸增加，素質日益提昇。」俞院長問：「年長者求信仰的寄託，年輕人怎麼也需要？」我說：「佛教本為人的實際生活而有，以佛法用之於現實生活，是佛法化世的目的。比如禪修有三項目的：1.身體的健康；2.心理的平衡；3.精神領域的開發。而禪就是佛教。」

俞院長微笑說：「這些我都知道，從這種情形看，佛教的形象似乎在變了。」我說：「是的，由於教育普及，國民的生活品質提高，故對於精神生活及生活理念的探求，也愈來愈重要了。」

接著，我把初級禪訓班的靜坐方法和觀念，簡要地向他們夫婦兩位介紹。至九點五十分離開俞公館，院長夫婦親送至門口，看著我們登車後，仍在門口以手勢送別。俞院長的公館，布設極其簡樸，客廳也不寬敞，好像一個小康的家庭，除了牆上掛著一幅張大千的潑墨荷花，及四盆盛開的牡丹之外，看不出這是行政院長的府第，俞院長夫婦的平易近人，一點也沒有院長的架子，倒像是每天見面的鄰家長者。

這次有緣被約至李總統及俞院長兩家的官邸，不是出於大人物的引見，也不是由於我有什麼道德及學問，更不是因為我對國家社會有了什麼貢獻而獲得的榮耀，乃在一位素人的推薦下，純以山野一介凡僧的身分，用平常心，和李、俞兩個家庭談了一些平常話。他們也未以異人及要人來接待我，我只是以簡單、安全、平實，而有益於修身養心的靜坐方法，向他們介紹，這僅是初見，而他們都十分謙虛誠懇，是否再有同樣的因緣面見他們兩位，誰也不知道，自然也不必視為我個人的奇遇和榮寵。倒是由於佛教的法門，已受到了普遍重視，身為佛教的信仰者及弘法者，正應善自珍重，努力修學，致力弘揚，使人人都能因佛法而得到實際的益處。

（一九八八年四月七日寫於北投農禪寺）

附錄一

我為取得日本學位而要說的幾句話

印順長老

一

本年（民六十二年）六月我獲得了日本大正大學文學博士學位，我國的佛教刊物，多數予以報導。最近《海潮音》月刊，一再發表了責難的文字；也有法師來信，對此表示異議。所以我想對取得學位的經過，及我對學位及中、日佛教關係的看法，說幾句話。

關於學位取得的經過，先要說到與此有關的二位，即日本的牛場真玄先生與我國在日留學的聖嚴法師，牛場先生聽說七十多歲了。他能讀我國的文言與語體文，他存有對中國佛教的好感與熱忱的希望。我沒有見過牛場先生，可說與他沒有私交。但他在近二十年來，經常將我的作品翻譯或寫成報導，推介於日本佛教界。假使日本佛教界知道中華民國有個印順，那是受了牛場先生自動的義務推介的影響。我在中國文化學院授課時，在日留學的慧嶽法師，認為我如有一學位，那多好。他自動去與牛場先生談起，並進行取得學位的活動。直到事情中止進行，我才聽旁人——演培或吳老擇談起。這是牛場先生與我關係的一切。聖嚴法師，我沒有與他共處，他去日留學，我也沒有給予任何幫助，論關係，也是極普通的（如聖師所作〈劃時代的博士比丘〉所說）。這些，都是過去的事。

這次學位的取得，要從我在病中說起。前年（民六十年）秋天，我病在醫院，生死未定。印海法師來說：牛場先生來信，希望我同意他，對我的《中國禪宗史》譯成日文（據聖嚴法師文所說知道，《中國禪宗史》傳到日本，一般反應良好。牛場先生為了過去答應過慧嶽法師，所以又自動地熱心起來，想用日譯本申請學位。但他那時來信沒有說明，我只知道翻譯而已），我覺得是好事。寫文章，希望有人讀，希望多有人讀。近代的日本佛學界，能讀我國語體文的太少，所以如譯為日文，那對日本佛教界，應有較多的影響。這樣，我雖在病中，也就同意了。那時，我國還沒有退出聯合國。

到去年（民六十一年）七月二十九日，牛場先生直接寄信給我，稱歎《中國禪宗史》，勸我以日譯本向大正大學申請博士學位。聖嚴法師與吳老擇居士，也來信勸請。牛場先生對我二十年來的自動推介；這麼大年紀，竟在四、五個月內譯成一千多頁稿紙，費時費力，使我覺得盛情可感。我那時病情正在惡化，為了不使愛我者失望，同意了他的請求，並寄一些資料（經歷及著述）去日本。那時，中、日還沒有斷交。

今年一月底，我應樂渡法師與沈家楨居士的邀請去美國長期療養，途經日本，休息了兩天，見到了聖嚴與清度法師，吳老擇

民國六十二年（西元一九七三年）六月二十七日午後聖嚴法師代表印順法師接受大正大學頒給的博士文憑，右為該校校長福井康順博士，左為印老的學生吳老擇居士。

與梁道蔚居士。我身體弱極，只在旅社裡待了兩天。那時中、日邦交已斷，所以我對申請學位一事，表示缺乏興趣，並提出理由，其中之一，便是為了我是中華民國的人（聖嚴法師文中，也提到這點）。那時，正值寒假，一切停止活動，所以大家結論為不做主動促進再說。

到了四、五月間，聖嚴法師來信說起：牛場先生告訴他，學位進行的準備工作，大體完成。我去信表示，不如中止進行（信是請日常法師寫的）。但無巧不巧，隔一天，聖嚴法師就來了信：他在前幾天，因關口博士告以準備工作完成，須繳申請費用，所以聖師已經繳納；不足部分，由他先為墊出。到了這一階段，我也就決定如此了。本來應親自去日本接受學位，由於身體轉壞，不能前往，才由聖嚴法師代表接受，將「學位記」寄回臺北。學位取得的經過，就是這樣。我沒有與校方直接聯絡，牛場先生與聖嚴法師，自動為此而犧牲時間與精力，我應表示我的謝意。

二

再說到學位：學位是世間學術的一項制度，與佛法的修持無關。以佛學來說，我對無信仰無思想的佛學，我從來不表同情。認為，「即使對佛教有傳統習慣上的情感，也不過做為文化遺產，照自己的意欲去研究，使自己成為佛學家與博士而已」。「如沒有這種信念與精神，任何研究，或成就如何輝煌，都不外乎古董的鑑賞，歷史的陳述與整理。雖足以充實莊嚴圖書館，而不能成為活的佛學」（並見拙作〈談入世與佛學〉）。就博士學位來說：這並不表示無所不通，也不是對此論題絕對正確。這是表示對於某一論題，寫作者曾經過縝密的思考，能提出某些新的意見，新的發現或新的方法，值得學界參考而已。所以我並沒有把它看作什麼了不起。

（《菩提樹》第二五二期）

附錄二

菩薩清涼月

——訪果祥師談聖嚴法師

林新居

「說實在的，要接受訪問來談我的師父，是一件很不容易的事情，也可以說，我覺得很惶恐，因為跟隨師父愈久，愈感到，像師父這樣偉大的人物，以我們這種凡夫要來談他，實在有點不配，也不容易談得好。因為我們的智慧很淺陋，而師父卻是大慈悲、大智慧的，隨處拈來，都是能夠發人深省的題材，我怕難免掛一漏萬，無法清楚地描繪出師父來，所以我覺得很惶恐……。」

從果祥師敬謹的話語裡，我們已經可以領受到，聖嚴法師在弟子們心中的分量，以及受教獲益後尊師重道的情懷。

最喜歡的頭銜還是法師

在大四左右（西元一九八七年），果祥師開始知道有聖嚴法師這個人。那是因為他參加佛學社團，有一次參加「慧炬雜誌社」舉辦的粥會。之後，他便開始閱讀《慧炬》雜誌。有一次粥會，聖嚴法師受邀演講，演講內容雖沒刊出，卻引用了聖嚴法師的幾句話，其中有一句是說，聖嚴法師有很多頭銜，但他最喜歡的頭銜還是法師。他看了深受感動！因為他認為，出家人很多，而能出家出得沒有白費，並且打從內心地以身為法師為榮的，並不很多。像聖嚴法師這樣，能坦率地把話說出來的磊落胸襟，令他深深感覺，他一定是一位很好的出家人——這就是他最初的感受。

永遠都是那麼自然

有一次耶誕節，果祥師上佛光山觀禮三壇大戒，認識了一位來自夏威夷的法師，告訴他，臺北有一位蔡小姐，佛學很好，要他去教她英文（果祥師在學校學的是英文），跟她學佛學。果祥師很「聽話」，回到臺北之後，打聽到了蔡小姐在文化館，就找上門了。

那時，聖嚴法師從美國回來不久。那天是放生法會，中午和大家一起用餐，正好和聖嚴法師同一桌。聖嚴法師很親切地為每個人挾菜，並和放生會的老菩薩們談笑風生。他覺得，法師不像以前所見到的出家師父那樣嚴肅；他與在家人沒有什麼距離。

他有一個很深的印象：師父吃飯的速度非常非常地快，一碗飯過來，好像狼吞虎嚥般一掃而光。他覺得很納悶：「奇怪！這個法師看起來並不像很隨便的人，吃起飯來為什麼這麼狼吞虎嚥呢？」後來打了禪七他才知道，聖嚴法師在日本時養成的。他常在禪七時告訴弟子：「要細細地嚼、快快地吃，細細地嚼、快快地吃！」

第一次到文化館，聖嚴法師那種非常平易近人的風範，便令他深深歡喜。他可以和任何人打成一片，而融入其中；你不會覺得他和他們有什麼不同。彷彿他就是他們其中的一位——這種感覺，果祥師一直都擁有，無論何時何處……。

後來，他聽到從紐約來的美籍師兄弟們說，聖嚴法師在美國，美國人不把他當作「中國人」看，他們覺得他很了解美國人，他就是「師父」。同時，他們的表現也令人看出他們對師父的崇敬和臺灣的弟子沒有兩樣。

最近他又在《牧牛與尋劍》（聖嚴法師著）一書中，看到聖嚴法師受邀前往總統官邸、行政院長府中，指導李總統、俞院長伉儷打坐，也都是像老朋友般，一下子就熟稔了，一切都是那麼地親切、自然——這是聖嚴法師很大的一個特色：他不管和任何人相處，永遠都是那麼地自然！

身教與言教

聖嚴法師是一個非常重細行的人，非常重視生活教育，他要求常住的弟子，早齋之後一定要做體力勞動的工作。所以每一位弟子都擁有自己分內的工作，並且要處理得井井有條，徹徹底底；禪七之中更是三餐飯後都要做整理環境的工作。

聖嚴法師也隨時以身作則，不管再怎麼忙碌，他總是保持應有的威儀，房間也是井然有序，因為他很強調戒律的重要。在《戒律學綱要》一書中曾提到，他費了很大的心血，好不容易才又重新出家，發願要當一名清淨的佛子。所以他花了一段很長的時間，精研戒律，寫出來一本《戒律學綱要》；甚至現在已是一位國際有名的老法師了，言行舉止仍然毫不苟且，在日常生活中，隨時隨處保持著精嚴的威儀。

有很多人以為：「聖嚴法師實在太忙了，大概沒有時間教導弟子。」果祥師引用了一位師兄的話，說：「師父並不一定要講話，從他的為人處事、一言一行、一舉一動中，有太多值得我們學習的東西，我們是學不完的。更何況師父其實還會盡量撥出時間來跟我們相處，來教導我們。所以我們從師父那裡所得到的教育，其實是非常多的。」

不自認是禪師，而強調是法師

聖嚴法師對每一位在寺院中跟隨他修行的弟子，都給他們一個法門，這些法門看似平淡無奇，卻是非常踏實的。他會叫某一個人專門持誦觀世音菩薩的聖號，某一個人每天要禮佛多少拜，或是持〈大悲咒〉、誦《心經》等等；他最常指示的修行法門，就是持誦觀音菩薩聖號或禮佛。

另外，聖嚴法師規定他們，無論怎麼忙，一定要參加每天早晚的靜坐共修，每次一小時。這是行門上的工夫。

在解門方面呢？由於農禪寺的住眾，根器不一，有的是博士班肄業的，有的只念過小學；有的人學佛已十幾年，有的人才剛踏入佛門。所以聖嚴法師會鼓勵初學人多讀高僧的傳記、多看一些基礎的教義。至於是否進一步地鑽研，就要看個人的情況了。在農禪寺，不管聖嚴法師在國內或出國，都會專門為出家眾或即將出家的行者開設一些解門和律儀課程，來輔助他們的修行。

農禪寺，從字面上看來，應該是以禪修為主的寺院；但今天的農禪寺稱得上是禪淨雙修的道場。聖嚴法師也強調，他不是禪師，只是法師，只是指導修行方法的人。而事實上，他的包容性相當廣，他對社會、對國家、對整個世界的關懷，用心都非常深。

寺內弟子皆必須學會日常生活中例行的事物，如：灑掃、應對、做飯、種菜……，乃至執掌早晚課及經常性法會中的法器、帶領對外的共修活動、教授初級禪訓等。

聖嚴法師指導修行，很講究方法的使用。他先教人攝伏散亂、妄想的心，再一步一步地利用方法，朝深層面的目標努力，但他更強調對佛法的正知正見，以及菩薩精神的展現。他本人則對佛教的各宗各派，都不偏廢，他在文大、東吳、中華佛學研究所及美國，開過的課程有禪、淨、律、天台、華嚴、唯識及中觀，也譯有《密教史》，著有《西藏佛教史》。對世界其他各宗教也曾下過苦工仔細鑽研。因此，他在民國五十六年（西元一九六七年）寫成的《比較宗教學》，在臺灣直到目前，同類的書籍中，仍難找到出其右者。

三個月要處理半年的事情

聖嚴法師可能是國內最忙碌的法師之一：他每年有半年在臺灣、半年在美國（每三個月去返一次）。

在國內，聖嚴法師有三個機構：一是中華佛教文化館本館；二是農禪寺；三是中華佛學研究所。

以文化館本館來說，活動比較少，實際上，文化館是以佛研所的教育工作為主。農禪寺，一方面是清修，一方面也是接引社會信眾學佛的活動道場。有定期的禪坐初期訓練班、定期的念佛共修會、定期的打坐共修會（每星期一次）、講經、演講及其他活動。「東初出版社」及「人生雜誌社」亦均設在寺內。聖嚴法師如果在國內，一定會對外開設講座——每星期日上午固定的講經、下午的開示，週六念佛會的開示，及每年兩次的佛七共修會。

聖嚴法師每週對內部開講二至三次的課程，有時也接受外面的居士去聽課。而每天早齋之後，經常仔細地對內部做知見上、修行上、生活上或工作上的指導。有時為著某些活動上的需要，也會把十幾個弟子擠滿他那間小小的方丈室，令大家席地而坐，在溫馨、融洽、互相鬥嘴中，談上個把小時，將問題一一解決之後才解散。這時，真像父親帶著一群活潑、率真、幼小而吵鬧的兄弟姊妹一般。而這種方式卻經常是問題解決之最快速、最周詳而圓滿的方式！

聖嚴法師在農禪寺，也經常接待各式各樣的訪客，諸如家庭、事業、人事上有問題的，或請教他修行上問題的；有些政府官員，或是名流人物，也會到農禪寺來拜訪他，向他請教佛法。因此，只要他在，從早到晚，訪客絡繹不絕。

聖嚴法師也時常應邀到各機關團體及各大專院校做各種大、小型的演講。不過在國內他有大半的時間都投在佛研所的教育、行政和募款工作上，以及大學哲學系的授課上。由於他事忙，所以採取「密集式」的授課方式，別人上一學期的課，他用半學期就把它上完，然後出國。他在國內的三個月，必須處理半年的事情，在美國也是一樣；有時候還要以電話「遙控」。因此曾有人問他：「世界上有多少人像師父這麼忙呢？」但是不管多麼地忙碌，聖嚴法師永遠是非常從容、鎮定而輕鬆愉快地處理事情，而他深切的悲智與高度的幽默，經常令與他共事的人精神抖擻、潛力盡現。

他是一個「阿米巴」

有些寺院會辦「示範禪七」。但聖嚴法師卻永遠不可能辦示範禪七，他曾表示過：「我主持的禪七沒有一次是一樣的。」因為他每次打禪七，都要看參加者的素質，和他們用功的程度、狀況，而決定怎麼樣去引導；因為禪七中隨時都會有身心上的變化的。

這兩、三年來，聖嚴法師一來有鑑於農禪寺常住及佛研所師生禪定工夫的提昇，所以針對他們個人狀況予以指導；二來由於年老體衰，國內外兩頭忙，所以暫時關閉對外的禪七。這是難以兩全其美的。

打從果祥師跟隨聖嚴法師出家以來，他就一直認為，聖嚴法師是一個「阿米巴」——很靈活的人。尤其是從禪七的指導上更可看出。那時的他，才是最真實、最深刻、最自然的「師父」。

在禪七裡，聖嚴法師最會罵人了，但也是最幽默的。他常常在罵人時，罵得非常剴切、非常地沉痛，可是他又用一些非常好玩、非常生動的比喻來形容；所以，每當他罵得最沉痛時，常常也是大家最忍不住笑出來的時候。這時聽者的心情經常是很複雜的！

最近的一次禪七，用過早餐之後，大家享用由信徒供養的高級進口水果竟不知是珍果，所以聖嚴法師罵大眾道：「這種水果那樣的吃法！真是給豬八戒吃人參果！」他的語氣是那麼地肯定，因此大家繃緊的神經，不能不受牽動，而爆笑出來！這是禪七裡常有的情形。

禪七是平實的修行，也是相當用力、辛苦的。果祥師表示，如果能打一次禪七，不但可以較深入地體驗修行的滋味，也可以進一步了解聖嚴法師的悲心和智慧。果祥師之所以決定出家，也是因為打過一次禪七之後，覺得不出家修行很可惜，更何況有聖嚴法師這難逢的師父。

機智過人、辯才無礙

聖嚴法師機智過人、辯才無礙，通常星期日下午禪坐會的開示，他從來不事先做準備，一上台就講；如果是星期日早上的講經，他也只是偶爾略為翻一下資料，不做太多的準備；如果是對外的演講，他會擬一個大綱，在演講之前略做構想，有時候實在也看不出，聖嚴法師用什麼時間來構想的，就是幾個很簡單的大綱就上台演講了。

果祥師深深覺得，能做師父的翻譯，真是一項殊榮，也是一件很有意義的工作。因為聖嚴法師那精彩的開示，能透過他的傳達，使聽不懂國語的信眾得聞法音，是很令人高興的事。但有時，他也會碰到沒辦法克服的困難，因為聖嚴法師有他自己修行的境界，有他對事理的了解，還有強烈性格的特色，和高度的幽默感；由於修持上的差距，及個人的性格不同，所以聖嚴法師那種充滿智慧、很有特色的語言，經由翻譯，就不容易傳神了。有時候，他也會聽到聖嚴法師自創的語詞，或是境界高深的佛法，前所未聞的特見，只能當下領會多少就翻譯多少。即席翻譯，是沒有時間思考的。

佛法的菌原體

自從果祥師於民國六十八年（西元一九七九年）開始親近聖嚴法師迄今，都不斷地聽到臺灣的僧俗師友、弟子等，勸聖嚴法師常駐臺灣不要出國了；也聽到美國方面的弟子，懇請他們的師父不要回臺灣了。他們的目的無不是：希望年近花甲的聖嚴法師，不要分散力量在東、西兩個半球，讓自己那麼地勞累，而又使弘法的事業，常因師父的去國而受挫。聖嚴法師則始終一貫地表示：因緣如此！而繼續以此方式弘法。

自民國六十四年（西元一九七五年）迄今，聖嚴法師在美國弘法也有十五年了。法師在紐約創立的東初禪寺，去（一九八七）年又換了更大的寺址，據《人生》雜誌的消息報導，目前報名學打坐、打禪七、上佛學課程及參加聽經、共修等活動的人，都在不斷地增加中，而包含的種族、國籍及社會階層更是多元，而且也有更多的大學、社團，邀請聖嚴法師演講、座談或指導修行方法。東初禪寺的英文期刊《禪》雜誌及《禪通訊》，發行十年以來，皆能如期出刊，並漸漸增加發行量。英文版的《佛心》、《信心銘》（*Faith In Mind: A Guide to Ch'an*

Practice）、《開悟的詩偈》（*The Poetry of Enlightement*）等書，亦受到了廣大的歡迎，並成為數家大學的教材。據聞另有三本英文佛書，都正在籌畫出版中。凡此情形，皆可看出：聖嚴法師在美國的弘法事業，正呈現著朝氣蓬勃的景象。

今（一九八八）年十一月十一日，聖嚴法師應哈佛大學的東亞系系主任杜維明博士之邀，至該校做了一次學術性的演講。接著，又分別在羅爾大學及哈大的燕京圖書館做了一次通俗演講。迄今，美國已有如哥倫比亞、普林斯頓、紐約、愛荷華、伊利諾等二十多所大學，經常邀請聖嚴法師演講、授課或指導禪修。

聖嚴法師在美國由於雜事比較少，因此比在臺灣更經常在遠地弘化，除了東海岸附近的主要城市外，他也遠赴加拿大及中美洲弘法。所到之處，經常是該地第一次有中國比丘到達，或甚至是第一次有人傳播佛法，而令當地人生發起對佛教的嚮往之心。因此，聖嚴法師戲稱自己是一位傳播「細菌」的菌原體，在他到過之處，佛法的「菌原」便在空氣中傳播開來。至於這些「菌原」能令多少人害多大的「病」，他的態度一向是「但問耕耘，不問收穫」。而追隨他較久的核心弟子，也學會了師父這種但求盡己力，不求速見成效的胸懷。

聖嚴法師在美國弘法，自許是一名「夢中的拓荒者」。拓荒固然辛苦，但是，如果以工作的輕重及性質來看，聖嚴法師表示，他寧願長居美國不回臺灣。為什麼呢？因為臺灣繁雜沉重的工作，使得體弱的他沒有時間休息，更不容易撥出時間來寫作。因此，近幾年來聖嚴法師的學術論著及一些篇幅較長的文章，無一不是在美國寫出的。雖說聖嚴法師寫作之快，可比「湧泉」、「洩洪」，但是沒有時間，又怎麼寫呢？

民國七十七年（西元一九八八年）四月間，聖嚴法師赴大陸探親十九天。回美國後，數日之間，即寫成了一部綜合歷史性、文化性、法義性的旅遊報導《法源血源》。如果是在臺灣，恐怕他就寫不出來了！以聖嚴法師具備的文藝及學術素養，配合他對佛法深入的體驗，及對經典的涉獵，他的「文字般若」確是他弘法工作的一大重點。由於他的赴美弘化，而使得這一重點得不偏廢，又何嘗不是眾生——特別是身在臺灣的人的福報呢！

一心以培養佛教人才為念

民國四十五年至五十五年間（西元一九五六——一九六六年），當臺灣、香港的基督教士、天主教士，正在施展種種攻佛、破佛的特技時，臺灣有兩位極力迎戰，並且大力反攻的青年，其一是煮雲法師，另一位是以僧侶行軍來臺的張採薇居士。那時的張居士只有二十多歲。因來臺這段與耶穌教士出陣迎戰的因緣，他寫成了一部《基督教之研究》；此書目前已由「久大文化公司」選入「終極關懷」系列流通中。從此書中，可以看出年輕的張居士，對於佛法及基督教的理解之深入及其思想之敏銳、文筆之清新，均令人有震撼之感。這位張居士不是別人，正是後來在文化館再度披剃出家的聖嚴法師。

民國五十八年至六十四年（西元一九六九—一九七五年），聖嚴法師在日本留學期間，寄回國內雜誌社發表的留學見聞中，經常報導日本佛教的現況、日本的新興宗教概況，並處處以前瞻性的眼光、嚴謹的態度，深切地關懷著中國佛教未來的前途；這些文章收錄於《從東洋到西洋》（編案：現收入在《留日見聞》一書中）一書中。書中，我們看到聖嚴法師介紹了十幾種自認為是佛教教派或甚至是打著佛教旗幟的宗教，而把他們歸入於「新興宗教」或「神祕宗教」的名目下。這個意思是說，他們都不是正統的佛教，而卻多少冒著佛教的名義在傳教。

聖嚴法師在一次偶然的因緣下，也參加過一次「大元密教」的共修活動。在那裡，才一盤腿，只消幾分鐘便有種種神奇的身心反應和微妙的境界現前。聖嚴法師因此深深地感喟，有此顯著神異，難怪連有些在正統佛教環境中出家的僧人，都會被迷惑！但是，不管這些外道怎麼地以佛教為掩飾，拿佛經做幌子，甚至如何虔誠地持誦佛經，外道還是外道，他們沒有佛法的知見，也不可能全部放棄那一套醉人的幻覺，而投到佛陀的座下來。

臺灣近十年來，由於社會型態的轉變，民間宗教勢力抬頭，加上許多外來的神祕宗教，如統一教、大知識、日蓮正宗、日本曹洞宗、超覺靜坐、三五教等，以及最近極為風行的一派非正統的錫克教，均在臺灣大肆活動，他們之中也頗不乏以正統、正信的佛教自居者，甚至也有以佛教出家法師的形象在到處傳法的。這些教派吸引了很多原本信佛的人，去跟他們「學法」。這些人學了法之後，卻大多仍舊宣稱自己是佛教徒，社會上的人也大多認為他們是佛教徒。他們有的甚至一直都是處身於佛教的機構中，直接參與佛教的工作。但是，他們的思想早已乖離了佛法，而對正統的佛法自然地產生了排斥感！也有一些人，因為有了鬼神的力量加附在身，而自己把頭髮剃掉，換上出家人的衣服，找一個不知情的「師父」掛個名，去受了「具足戒」，領了戒牒證明回去，也在到處傳「法」，替人預卜吉凶、治病、消災、加持、改運，甚至大蓋道場，廣收徒眾。這種人多了，真正的佛教怎麼能不衰亡呢？我們試回想印度的佛教是怎麼被挖掉根的呢？不是因為外道的濫冒、消融、混淆而最後終於完全消失的嗎？

我們臺灣的佛教，目前正遭受著外道前所未有的衝擊，而大多數的教眾，卻沒有這份警覺。因此聖嚴法師曾大聲地呼籲：「以不變應萬變的態度，使得佛法的慧命危如懸絲！」「不要以為我們有精深博大的三藏教典做靠山，佛教就不會滅亡，如果沒有佛教的教育來普遍培養足夠的人才，中國的佛教也會走上印度佛教同樣的命運！」「我們不辦教育，佛教就沒有明天！」這正是一心以佛教的興亡為己念的大師，以他深徹的智慧和廣大的悲願，敲出的暮鼓晨鐘。而聖嚴法師更率先以他個人的願心，結合了一些具有共同願心的僧俗大德，創辦了國內最具規模及水準的佛教高級人才培養所——中華佛學研究所，並盡其最大的努力在維持它、鞏固它且強化它。但是，少數人的力量畢竟有限，因此聖嚴法師一再地呼籲，希望有更多的人，共同為佛教人才的培養，付出更大的關注及努力。

佛教人才的教育，乃是他老人家念茲在茲、繫心縈懷的重大課題。而七年來，中華佛學研究所也已經為臺灣的佛教界培養出一批頗具水準的佛教教育、文化及弘法人才來了。更有數位畢了業的同學，遠赴日本、美國等一流學府，繼續做進一步的研習，以備將來能夠承擔更大的責任，負起更艱鉅的工作。在校的同學，也能體念辦學者的苦心，以及教界對他們的殷望，一心努力向學。我們也藉此祝福中華佛學研究所，明天會更好。

專心致力於修行方法的指導

為什麼會有許多信佛好多年，甚至是一輩子的佛教徒，卻一朝輕易地投入外道的行列去呢？最重要的原因便是，晚近以來，指導正統的佛教修行方法的人太少了；而外道的修行方法（或根本不必修行，只要受過加持），卻很容易就能見聞異象、身心變化。這麼快速而神奇的感應，不是深諳佛理的老修行，實難不被吸引啊！而有很多人，在傳統的佛教團體進出了許多年，雖想學習較為有效的修行方法，卻遍尋不著一處教授層次分明的攝心方法的道場。因此，有人批評中國佛教顢頇籠統，沒有真正的修行方法。

聖嚴法師表示，中國佛教不是沒有修行方法，而是後世以來，沒有人把這些修行方法加以整理，並把它條貫、組織化、層次化、系統化地教授出來。所謂「解行並重」、「從禪出教、藉教悟宗」，皆是強調修學佛法，宜以正見為目、實修為足。而我們這一代欲修欲學佛法的人，無疑地正面臨著投師無門的困境。聖嚴法師有鑑於此，於是專心致力於佛教修行方法的整理與教授，並以這項工作和興辦佛教教育，共為他終身不變的職志。

自從民國六十六年（西元一九七七年）起，聖嚴法師開始在美國紐約主持禪七，嗣後因臺灣居士的要求，也在臺北的北投舉辦禪七。十年以來，聖嚴法師善於指導禪修的聲名，早已成了口碑。民國七十一年（西元一九八二年），聖嚴法師又在北投的農禪寺，成立了念佛共修會，指導信眾念佛的理論和方法。如今農禪寺的念佛會發展也很快，已有一千多位會員了。

聖嚴法師以經常抱病的衰弱身體，在東、西兩個半球、中美兩個不同的文化世界中，席不暇暖、篳路藍縷地開創深層而扎根的佛教教育及修行事業。如此地辛苦，為的是什麼呢？我們引用他答覆一位景仰他的美籍神父的話：「不為什麼，只為使得需要佛法的人，獲得佛法的利益。」

（《文殊》雜誌一九八八年五月號）

附錄三

轉眼四十年

陳慧劍

朝元禁足，風景奇異

聖嚴法師到了朝元寺，起初是「禁足」，每日在寺方供應的閣樓上拜懺；先是「彌陀懺」，後來是「大悲懺」，一天兩堂。剩餘的時間，便是拜佛，晚間打坐，好像與「佛典」脫離了關係。在這段期間，身心非常安定。

不久，臺北的書運到，有幾十箱，自己便動手將書從樓下一箱箱往自己的小樓上搬，這些書，包括「佛學、文學、史學」等等重要典籍，也是他安身立命之所繫。

以一個生而弱質的他而言，每箱二十多公斤重的書，幾乎是不堪負荷的，但是寺中沒有人可供協助，只有自己費盡所有力氣來搬。他一箱箱地彷彿螞蟻搬家，忽然間，彷彿「失落」了什麼，自問：「誰在搬書？」誰在搬呢？沒有誰在搬啊？好

一九六三年聖嚴法師於高雄美濃朝元寺掩關，入山相送者，前排右起：張少齊長者、能淨長老、作者、明常長老、南亭長老、月基長老、妙然法師、煮雲法師。後排中為當家師慧定、善定比丘尼。

像搬書的人消失了一般，自己也不見了；可是一箱箱的書都上了樓，也擺得好好的。這才如夢初醒地驚異起來。其實，已經幾個小時過去了。這一個謎成為他修道生活中第二次奇異的經驗。

是不是通過拜懺、業障消了，心靈清淨了，有佛菩薩護持呢？這一答案至今還無法解答。但是他已決定——真正的閉關時間應該到了。

他從臺北南下，經過多方周折到了美濃，本來的目的就是閉關修道與讀經，可是，朝元寺哪裡有多餘的房子為一位雲水僧來護持「閉關」呢？而自己又是初還僧服，也沒有信徒護持他「閉關」。自己退役後的一點錢，又為道友急難付出去了，實在沒有能力來建造關房。

過了一個月，臺北華嚴蓮社智光長老向他皈依弟子張居士提到有一位精進佛道的後輩，需要護持，這位居士便專程到美濃山中來探望聖嚴法師，慷慨地問到建造一間關房需要多少錢？他願意供養。關房的事經過

聖嚴法師於關房中

一番估價並與朝元寺磋商，定案之後，張居士與朝元寺共同供養了這間關房，在不到一個月之後完成，因此，聖嚴法師便在諸多因緣湊合之下，也可以說是龍天護法吧——順利地進了關房。

一九六三年九月三十日，上午九點，這位青年法師在風光幽靜的美濃朝元寺入關，雖然也有個簡單的閉關儀式，但觀禮者寥寥無幾。這一年，他是三十四歲。

一九六四年聖嚴法師於關房前留影

在關房裡，他排定了功課，仍以拜懺為主，下午三點以後，以兩個小時來看經。但是「怎樣看，先看哪一部經」，卻茫無頭緒。不過他想到曾經看過印順法師一種著作中，曾寫到《阿含》是佛家思想的源頭，所以，他便決定由《阿含》入手。他排定了閱讀《阿含》的程序——從《雜阿含經》、《增一阿含經》、《中阿含經》到《長阿含經》。每天以三個小時埋頭於《阿含》，一邊看一邊做筆記。其他時間仍舊拜懺、打坐。這位初步埋首於經藏的法師，非常歡喜打坐。

他未進關房之前，每天下午三點到五點，是他的禪坐專用時間，但他打坐的方法非常奇特，既不修觀也不參禪，更不念佛，也就是說上述佛家修定大法，對他而言竟然都不契機，他的「打坐」是諸法之外的「純打坐」，不加任何「禪觀」，他也自知，這是個人的創作。

他記起，在修道的歷程中，第一次也是最重要的轉捩點是在二十八歲那年，虛雲老和尚的法裔——基隆大覺寺的靈源老和尚的一頓拶喝：

當時，他還在國防部通訊部隊服役，住在新店，他的寢室正面對「廣明岩」上巨型的「阿彌陀佛」石像。他每天對著二公里外的阿彌陀佛禮拜，而當時「心情苦悶」也是原因之一。解決不了的問題太多太多。之後不久，他去高雄五福四路佛教堂拜訪月基法師，那天晚上那個看起來累累贅贅、迷迷糊糊的靈源老和尚，也從基隆到這作客，晚間，這一僧一俗（他仍著軍服）被派在一間通鋪上同單而眠，頭上掛一頂大蚊帳。可是，這位和布袋和尚一樣身材的老和尚並沒有睡覺，他挺著大肚子打坐，看到他打坐，尚是軍人身分的聖嚴法師（張採薇居士）也只有忍睡陪坐。

坐了不久，年輕人就忍不住，說自己多苦惱、多不安，有許許多多問題纏著。靈源老和尚說：「你可以問，你可以問……。」「喔喔，還有嗎？你還有嗎？……。」老和尚講的好像是寧波話，令人混淆不清。「還有嗎？還有嗎？」一連串「還有嗎？」，就是不告訴答案。突然間他伸出手掌，拍地一聲打在床沿木板上，幾幾乎床都要震了起來。「你哪來那麼多問題！擺下來睡吧，我要睡了！」

就這樣被他一陣捶打，聖嚴法師一籮筐的問題，竟然煙消雲散，被打掉了。

從此以後，他的心便穩定下來。他深刻地體會，「修行」對一個棄俗的出家人太重要了。因此，「打坐」在日後，甚至一直到今天，依然是聖嚴法師維護佛法生命的道糧。

正式寫書，是從閉關後半年才算開始，雖然，在朝元寺隱居禁足一年十個月之中，也陸續定稿幾類「認識佛教」粗淺的書，但是一經閉關、讀經以後，靈思便如潮水湧來，因此，他的第一類「傳道書」——《正信的佛教》便在一九六四年完成，一九六五年五月問世。

六載閉關，天地宏開

聖嚴法師讀完四《阿含》，寫成《正信的佛教》，接著是埋頭於「律藏」，當時凡《大正藏》中所能見到的律典，無一遺漏，因此，他對佛教僧團的制度、生活、戒相，了解得十分清楚而細密，他一邊讀一邊寫，在古人語焉不詳處，引起自己「解釋律典」的弘願，經過十個月時間，又完成了著名的《戒律學綱要》一書。

但是他的閉關生活依然是平淡寧靜的，每日上午拜懺，下午看經、寫作，晚間打坐。不過後來改為上午讀經、下午寫作、晚間仍舊打坐。這是「定慧雙修」的閉關生活。在關中到一九六六年初，因為眼疾需要治療，迫不得已，在同一年八月七日方便出關，到高雄看病，因而受到高雄壽山寺星雲法師之約，在壽山佛學院講授《比較宗教學》與《印度佛教史》；前後十個月，一面講學、一面寫作，在美濃與高雄之間往返奔波，終於因為這種生活與自己閉關修道大相逕庭，加上都市生活送往迎來，到次年六月十日，回到美濃，再度入關。這次入關，驚動了佛教界前輩印順導師、白聖長老、剃度師東初上人，以及同流道友紛紛來山相勉，在一個比丘僧來說，「閉關」不能不說是「終身大事」，何況他是「二度入關」，是鐵石心腸，投入「了生死、斷煩惱」行列的。想不到東初長老，竟然命他出關，到東京去留學。這是聖嚴法師日後暫別山居生活出國留學的契機。

所謂「山中無歲月，寒盡不知年」；聖嚴法師在山中，「日中一食」——由朝元寺常住供養，讀經與寫作在時間上有時互相更替，唯有晚間打坐，從未變動，「身在禪中不見禪」，不管在知識與境界兩方面，都已另見天地了。

在這整個閉關、行解雙運的日子裡，聖嚴法師究竟修什麼、證什麼？

他修的是「心中無繫念」的「無念法」。心中無念，何其困難？但

聖嚴法師於一九六七年六月十日再度掩關時，高雄美濃朝元寺能淨長老率該寺住眾送關。

一九六八年聖嚴法師在臺北市善導寺的彌陀殿專題演講

是聖嚴法師在這一特殊的方法上，找到了「心不在內、不在外、不在中間」的「本來無一物」的一絲不掛禪。他沒有師承、未經啟迪，用這一「離念、無念」、「非觀非禪不思議法」，開闢了另一片修行空間，若干年後，他為美濃修道方法，定名為「疑似曹洞默照禪」。

一九六八年二月二十日，他因受臺北善導寺住持悟一法師邀約主持「佛教文化講座」而出關。

他總結美濃的閉關成果：

（一）所有的修行方法除了「九十天的般舟三昧」之外，其他的有關佛家禪定（六祖禪、天台止觀、念佛三昧）都試煉了，並且決定了寧願做為一位宗教家、一個老比丘，雖然自己修的不是中國正宗「禪」，但是他遍讀一切禪修的典籍，也選擇了日後教禪的路。

（二）在經藏上，也選讀、精讀全部佛典中重要的經論，包括《般若》、《華嚴》、《涅槃》、《楞嚴》、《法華》、《大智度論》……。其中尤以《阿含》、《般若》最為得力，凡是重要的經論都已做了一番浸禮。

（三）由於在關中受到道友楊白衣、張曼濤居士傳來日本佛學研究的資訊與日文佛學著作的供應，通過閉關後期的日文佛典的自修，對日文著述已培養出閱讀能力，這對以後到日本留學打下良好的基礎，同時也改變了中國佛教夜郎自大、坐井觀天的落後觀念。當時又接觸到外道對佛教的批判性挑戰，於是益加動念怎樣到日本從事更精深的佛教思想研究。

聖嚴法師從一九六一年十一月十三日到美濃閉門讀經，到一九六八年二月二十日出關弘法，前後計達六年三個月零七天。法師的初期作品，在閉關中大量湧現，最重要的代表著作，當推《戒律學綱要》之問世；這本書透過一般論文作法，來演繹佛家戒律的義理，極受海內外佛教高級知識分子之注意；佛律之在中國學術化，同時也足為僧俗共讀，這是第一部值得珍視的書。

聖嚴法師出關後，善導寺講經一年中，一面進修日語，於是經過申請及準備，在一九六九年三月十四日終於獲得日本東京立正大學的入學許可。

負笈東瀛，浸沉學海

一九六九年三月十四日，他從臺北到東京，踏上了留學的征程。這是他閉關期間受到剃度師父東初老人的鼓勵，尤其是當時正在日本留學的張曼濤居士的勸請，並在閉關中閱讀了許多關於日本佛教的著作，發現日本佛教在學術研究方面有輝煌的成就，儼然已執世界之牛耳。對研究資料的整理提供，再沒有其他國家可比。

而國內的佛教教育普遍地低落，僧眾不受一般人士的重視。為了提高佛教學術的地位，因此發願到日本留學深造。雖然此時他已三十九歲，而且從未受過中等及高等教育，到達日本，進入日蓮宗創辦的立正大學，便直接由碩士課程開始攻讀。

兩年之後，完成碩士學位，回到臺灣，同時把日文的碩士論文《大乘止觀法門之研究》翻成中文，交給《海潮音》雜誌連載，東初長老希望他回來之後，就不要再去讀書，但是他的指導教授，當時立正大學校長坂本幸男博士，認為他的程度和努力的方向，最好能繼續完成博士學位才有意義。因此，雖然許多國內僧俗大力勸阻，並且斷絕經濟後援，但他仍然再度赴日，繼續博士課程。

一開始，他準備博士論文，以明末的蕅益大師為中心，這與碩士論文有關，都屬於天台系統。而從慧思到明末的階段，所有天台的問題，幾乎都被人家研究過了，只有這個論題未被開發。

從一九七一年到一九七五年，這四年過程中，他除了攻讀學分外，所有時間都在東京各大學圖書館瀏覽。並利用寒、暑假期，去訪問道場，實際去參加日本各宗派的修行活動，有傳統式禪宗的禪七和密宗的加行，也有各新興佛教教派的宗教活動。不但了解到日本在學術方面有值得我們學習的地方，在宗教活動上，不論是傳統的佛教方式，或新興宗教的活動，也值得借鏡。比如他接觸到臨濟宗的妙心寺派和建長寺派、曹洞宗的大本山永平寺及總持寺派和黃檗宗派的傳統禪，還有龍澤寺派新興的禪。

又接觸到天台宗傳統的比叡山派的修行者，新興的孝道教團，還有傳統的淨土宗鎮西派知恩院和日本新淨土宗東本願寺、西本願寺派；傳統密宗的高野山派、成田山派；日本宗教的傳統日蓮宗身延山派和新興的日蓮正宗，立正佼成會、靈友會、國柱會等。

他接觸到這些宗派的領導人和年輕一代優秀的人才，而且建立了很深厚的友誼，並接受各宗派的邀請和招待，遊歷各地。除四國之外，南至沖繩，北至北海道，處處都曾有他的足跡。因此，得以見到日本從上到下全面深入的普遍的佛教現況。

在學術界，當他撰寫論文期間，拜訪過東京、京都有關天台學及中國佛教的專家學者，同時參加了下列學術團體的活動：第一，「印度學佛教學會」；第二，「道教學會」；第三，「西藏學會」；第四，「日本佛教學會」；第五，「日蓮宗學會」；並提出論文，在會議上發表。由於學術會議是由南到北在各大學輪流召開。因此，他接觸到日本全國的有關學者，因他對東京的學術環境最為熟悉，並且東京是日本人文薈萃之地，因此，他也有機會接觸到世界性的學術會議。

他的博士課程進行至第二年，指導教授坂本博士去世，生活費用也告罄。但他記取坂本教授的話：「道心中有衣食，衣食中無道心。」（編案：此言出自日僧最澄大師）同時，他記取東初上人的訓示：「願為宗教家，不為宗教學者。」內心默默祈求觀音菩薩加被。後來，他得到兩位指導教授：一位是印度學的權威，金倉圓照博士；一位是中國佛教史學權威，野村耀昌博士。他們看過他寫作論文的計畫和蒐集的資料之後，都表示十分歡喜，支持與鼓勵他繼續寫完。

當他博士論文完成的時候，學校的同學及東京的學術界都感覺不可思議，一個中國人能在四年之內完成博士課程，並獲得博士學位，在日本尚無前例。立正大學的博士課程開了十八年之久，他的博士文憑編號是第三號，這也是令日本佛學界驚歎的一件事。

一九七五年聖嚴法師與一位印度同學於取得博士學位證書後合影

日本之長，中國之短

聖嚴法師在日留學六年，一瓢一飯，生活備歷艱辛，但也是中國比丘在日本埋頭吸收彼邦學術、獲得博士的第一人，因而極受國內外佛教及學界之仰歎。

他的博士論文，以研究智旭大師為中心而寫成的《明末中國佛教之研究》，日文版已於一九七五年在日本問世，中文版於一九八八年由關世謙中譯，台灣學生書局出版。

聖嚴法師在日本六年，深深地投入了佛法的海洋，當他在美濃時，讀遍佛家大經大論，建立佛家思想的骨架，在日本六年，則遍讀《大正》、《卍續》兩藏，除了重複的典籍略過，所有經論一概吸收化為自己乳血，因此乃能眼界為之大開，胸臆為之壯闊，然後再把自己的思想投回到中國佛學的土壤上。

根據聖嚴法師留學六年，從日本「取經」再運回中國佛域，再將這些精華融入於著作之中，使我們對日本佛教真正的面目，有了一番清晰地認知。吾人眼前，現在透過法師東渡修學的鏡面，我們對日本佛教作如是觀：

（一）日本佛教最大的成就在於，他們為佛法忘身的企圖心來建立佛教教育、文化、學術研究的方法與理念；一經參與佛教千萬年大計的學者、高僧、禪和子，無不與身家性命一併投入。

（二）在中國人的眼裡，日本「有佛學而無佛教」，或「有真居士沒有真和尚」是有出入的。聖嚴法師透過六年的「和光同塵」生活，才驚異地發現，他們不僅有人修行，更有許多人嚴格在修行。

他們在明治維新時代之後，「蓄妻帶子」的家族傳承制度，卻是日本佛教得以延續的一項憑藉。除了「大本山」的專修道場之外，也有「隱居獨修」、「集體修」、「行腳修」的各種修行方式。

他們的「寺院」，是他們弘法的大本營、延續佛教的命脈，各宗各派的「大本山」及「本山」也創造了日本佛教的高等學府，培植了許多傑出的人才。

（三）日本的佛學成就在於，方法學、語言學、梵文、巴利文原典的研究，及文獻學的開發與擴展，造成了日本今天的世界性學術地位；雖然日本沒有產生過東晉以後像道安、智顗、惠能這一類型的思想大師；他們只能夠解決早期文獻上的疑難，卻沒有解決義理的突破。

但是聖嚴法師還是從日本這塊佛教紮實的土壤獲得了現代中國所沒有的法乳

滋養。

日本佛學者的敬業、勤勉、打破沙鍋問到底的挖掘、精密的研究方法，以及鍥而不捨的樸實，值得我們讚美學習。

聖嚴法師不僅得到日本學者的素樸精神，也受日本佛學者的人格感召，與前輩對後生的無限慈愛與關懷，不厭其煩地諄諄善誘，愛生徒如己出，尤其對窮苦、努力的弟子，百般呵護。像坂本幸男教授，就是典型的日本良師。

禪在彼方，禪在此方

一九七五年十二月，這位比丘學者，受到美國佛教會沈家楨居士之請，自東京赴美弘法，並在紐約大覺寺，以美國人為對象，開設「坐禪訓練班」。

在攻讀博士的繁忙生活中，聖嚴法師每日早晚的焚香拜佛常課仍未中輟。

在東京，他所參訪過的道場，有曹洞宗派下的總持寺，隨原田祖岳禪師的弟子伴鐵牛老師學禪，在攻讀博士學位最後一年，有過三次禪七的經驗。足跡遍踏日本九州、本州東北部道場。他在禪七中也獲得日本禪師的印可，並贊成他去美洲弘揚禪法。

日本曹洞禪的特色：是「只管打坐」。「坐！坐！坐！」；把「念」放在坐的姿勢的正確、挺直；直到「雜念」漸漸消融。

日本臨濟禪的特色，是只參「無」字公案，滴水不漏，先從數息入手，俟妄心已息，再由「無」越到「公案」，直到你明心見性。

原田祖岳禪師是曹洞與臨濟禪的兩個系統傳承者。

聖嚴法師在從事學術研究之餘，不忘佛門本分事，當他在一九五〇年以前，也留心過中國禪宗叢林，接觸到當代禪匠虛雲及來果禪師著作，對於唐、宋中國禪師們的語錄，也曾做探索。

他到日本參訪道場，學禪、學教之際，才發現日本禪單純、形式化、千年不變；而中國禪則千變萬化，靈光閃忽；因此，學成之後，便決定採用本國的禪法來建立自己的禪道場，所以每次建立禪七，方法與機制都有所不同，這是中國禪的特色！

他一九七五年二月，獲得博士學位。為了接洽出版和校對論文，又在東京待了十個月。剛得到博士學位，他受到政府駐日代表馬樹禮先生的祝賀，於三月二十九日特假東京六本木的「隨園」，舉行了一個盛大的慶祝會，接著又收到了教育部、青輔會及救國團三個政府單位，聯合邀請出席「第四屆海外學人國家建設研究會」的邀請函。於是，七月下旬到八月中旬，回臺參加了會議的活動。

會議完畢，回到東京以後，辦理赴美的手續，到了第二年（一九七六年）八月十九日出席在美國威斯康辛州立大學召開的第一屆世界佛教史學研討會，這是他第一次參加世界性的國際佛教學術會議，在會中，提出〈近代中國佛教史上的四位思想家〉的論文，同時也成為國際佛教學研究會的創始會員之一。

一九七六年八月，美國佛教會在沈家楨先生的支持下舉辦一次松壇大法會，慶祝美國立國二百週年。

他和沈家楨居士分別在會場演講，這在美國是一種難得的盛況。同年九月，成為美國佛教會的董事、副會長、大覺寺住持。一九七八年五月於美國成立「禪中心」，一九七九年七月將禪中心命名為「東初禪寺」，並剃度美國青年出家，出版英文《禪》雜誌季刊及《禪通訊》月刊，同年並在哥倫比亞大學演講並教授禪法。

仁為己任，任重道遠

聖嚴法師在一九七六年九月，出任大覺寺住持，直到一九七八年十月為止。在同年二月，則應臺灣中國文化學院邀聘，回臺擔任哲學研究所教授。

一九七八年三月二十四日，因剃度師父——東初上人（於先一年底）圓寂，由東公遺囑指定為「中華佛教文化館」及農禪寺繼承人，並晉任為該館館長，十月八日應聘為中華學術院佛學研究所所長。

這一年，聖嚴法師是四十八歲，也從這一年開始，他在臺、美兩地輪流主持三個道場，和一個「佛學研究所」。在臺灣未曾見到像聖嚴法師在「北投農禪寺」模式——以文化人為中心的寒、暑兩波段的禪修活動，也沒有見到中國式寺廟佛學院會升格為學院式研究教學場所。

在「定慧雙修」上，是中國比丘僧在承擔「佛教行解」兩端兼顧教育、負起「昇華」責任的第一人。佛教的歷史包袱太重，聖嚴法師的文化使命，將使他成為宗教兼顧發展佛教學術的推動人。「佛教」能不能由於他的實踐其文化使命而再生新枝，這都在他的深弘大願裡成為盡形壽奮鬥的目標。

美國的道場——禪中心（東初禪寺）最初設在紐約皇后區，可樂那大道（Corona Ave.）三十一號。過了九年之後（西元一九八七年）由於不敷使用，轉到同一條街的五十六號，到今天以西方的佛寺標準而言，已具規模。

這座道場，占地面積五千平方英呎，建築面積為九千一百平方英呎，分別設為停車場、禪堂、講堂、寮房、圖書室、會客室，它是財團法人組織。起初，聖嚴法師原意為英語人士為對象來弘揚「中國禪」，可是現在中國人卻超過了美國人。這個道場平時是雙語教學，「小參」則是以英語交談。這一道場，也成為中國法師引用雙語傳道的第一人。

這裡與臺北的農禪寺，每六個月分別訂有「行事曆」，「行事曆」決定了聖嚴法師什麼時候在紐約，什麼時候又到了臺北。「行事曆」決定了「中、西」兩個道場文化與禪修的實際內容。

紐約平時有常住五人，其中兩位青年比丘，兩位待落髮的女眾。平時參與活動的「中、美」人士，經常是五十到一百人。此間所創辦的英文《禪通訊》月訊及《禪》雜誌季刊，發行到世界各地約二千多份，寄發地區有二十五個國家。在紐約創立的法鼓出版社，已為聖嚴法師出版了六種英文的禪學著作，也行銷世界各國。

一九七六年聖嚴法師於美國紐約大覺寺擔任住持，並開設禪坐班與十位學生攝於該寺觀音殿。

東初禪寺，在紐約地區已算重點道場，它的活動頻率、信徒人數，以及中、英文報紙見報率，已成為世界各地佛教的重點新聞。

在臺北，農禪寺從一九七八年，聖嚴法師接承文化館之時，經過一番策畫，到一九七九年開始對外開放設立「禪道場」，由聖嚴法師親自主持，並且接受中國知識青年剃度以及社會知識分子定期打坐、參禪，以及對內、對外的演講弘法活動。迄今在農禪寺學習禪坐的人數及接受了三皈依的信眾，已超過四萬及五萬二千多位，該寺出版的《人生》月刊及《法鼓》雜誌，發行數量合計已超過十二萬。聖嚴法師一身而兼有東、西兩個道場的弘法大任，真可謂席不暇暖，以佛教興滅為己任了。

可是為了對佛教「從根救起」，捨高級教育之人才培養之外，別無他途。當一九八一年已改為大學的文化學院佛學研究所正式成為教育機構，七月底招收第一屆碩士班學生八名。同年六月聖嚴法師受聘為中國文化大學的華岡教授。到一九八四年，文化大學佛研所因為受到學校當局政策性影響而停辦，於是聖嚴法師在一九八五年假北投「佛教文化館」創立「中華佛學研究所」招收大專畢業學生，授以三年學術訓練，再做重點培養出國深造，修讀博士學位，到一九八七年獲得教育部核准立案，所址移入「佛教文化館」重建後的新址，正式負擔起「培養高級佛教學術人才與悲智雙修的弘法人才」的重任。

「中華佛學研究所」到一九九五年的夏天已十四度招生，它的教學特色，除聘請國內外佛學著名師資教學，課程與一般碩士研究所應修的相同之外，重點在「巴、梵、藏」文的學習，以利原典的研究，並藉這一途徑與國際佛教學術界互相溝通。

在作風上，採開放教學制，除本所學生之外，凡有國際著名教授來所開設中短期講座，一律邀約。

在學術交流活動上，一九九〇年元月十二日到十五日，在臺北中央圖書館由聖嚴法師主持的「第一屆中華國際佛學會議」，網羅世界一百四十位學者參與，又於一九九二年七月十八日到二十日假臺北圓山飯店主辦了「第二屆中華國際佛學會議」，與會學者一百五十餘位，這兩次會議將臺灣佛學研究氣氛，帶到最高峰。

在重要目標上，除培養高級學術弘法人才，也兼及訓練「管理」人才、修道及弘法專才。務必做到「解行並重」、「定慧兼修」。到一九九六年為止，在東、西兩半球依止聖嚴法師出家修行的男女弟子，已超過了八十位。

聖嚴法師本身是「修道」與「學術」兼重，他深以為沒有「行持」的基礎，研究學術者，則與佛法無法相應；終致學術歸學術、佛法歸佛法的內在歧異現象，他要的是既要有學養，又要有道行的承傳弟子。

他對日本佛學者「行解雙運」十分敬佩，日本有很多學者，淡泊一生，不是參禪便是念佛；像鎌田茂雄教授修禪、水谷幸正教授念佛，他們卻有相當深厚的根基，極為崇高的宗教情操。

同時，被誤認為日本佛教道場與佛教徒都飲酒肉食的印象，日本人有不同的文

一九九〇年元月由聖嚴法師主持的「第一屆中華國際佛學會議」，邀請了世界各地一百四十位學者參與，將臺灣佛學學術研究風氣，帶到最高峰。

化認知，但真正的修道者是不肉食的。他山之石，可以攻錯，聖嚴法師的理想中國佛教與佛教比丘僧，是兼具日本佛教人的謹嚴、學養、宗教情操與中國比丘僧的持清淨戒律與重視有道高僧的人格模式。只有具備這種道德素質的佛教人才，才是復興中國佛教的最大寄望！

淘金琢玉，造就龍象

在一九九三年五月以前，「中華佛學研究所」畢業的優秀研究生，出國深造的已有十一位，分別有在日本東京大學獲得文學博士的惠敏法師、鄧克銘居士、同校博士班的厚觀法師、名古屋大學博士班的郭瓊瑤居士、九州大學博士班的陳宗元居士、京都大學碩士班的果賾法師、京都龍谷大學的開智法師；在美國威斯康辛大學修畢博士課程的梅迺文居士、密西根大學（University of Michigan）交換研究員的果祥法師、夏威夷大學（University of Hawaii）碩士班的李美煌居士、佛羅里達大學（University of Florida）碩士班的陳秀蘭居士。

歷屆留在國內的畢業研究生，已有數位留在本所教授初級佛典語文，分別有教

一九九四年三月十七日中華佛學研究所與國際上知名的學術機構日本駒澤大學締結學術交流合約，建立了合作關係。

授初級藏文的賴隆彥及曾德明居士、教授初級梵文的宗玉嬿居士、教授佛學英文的杜正民居士。另有數位在各佛學院及高職學校教授佛學課程，為臺灣的佛教教育帶來一批優秀的師資及弘化人才。

自一九九二年七月起學成返國的惠敏法師、鄧克銘居士，各方爭相延聘。惠敏法師目前是西蓮淨苑副住持，並在中華佛研所、法光佛研所、國立藝術學院擔任教職。鄧克銘居士目前是「華嚴法律事務所」的負責人，也是中華佛學研究所的專任副研究員。

中華佛學研究所與國際上知名的

學術機構建立了合作關係，目前已有日本京都的佛教大學、東京的立正大學及駒澤大學；美國的夏威夷大學、密西根大學；泰國的法身基金會。為提昇中國佛學的學術地位，貢獻頗多。

中華佛學研究所從創立時篳路藍縷、搖搖欲墜的困境中，到今日的開花結果、穩定成長的局面，不僅促使臺灣佛教界開始重視佛學研究及高等佛教教育，也為中國佛教造就一批法門龍象，為中國佛教的發揚光大奠定了初基。這一切都憑藉著聖嚴法師堅定的意志力及推廣佛教教育的大願力。

悲智雙運，寰宇弘法

一位中國比丘僧的身影，自一九七六年以來經常於夏冬之際，遊化於歐美各國五十座著名學府之間，主講超過百餘場有關中國禪宗及佛教的精闢演講。聖嚴法師在美洲大陸弘揚中國禪法及正信佛教，其艱辛的情況超乎一般人的想像。法師除了堅毅面對困境之外，更積極地講經說法、弘揚佛教，弘法地區也遍及加拿大、英國、哥斯大黎加、香港、捷克等國家。

在臺灣，二十年前的大學校園，出家僧尼是不准進去的，不僅不准弘法，連穿僧裝讀書都會受到排斥。而今各大學能夠尊重宗教的自由，允許大學佛學社團邀請法師至大學校區演講。聖嚴法師歷年在國內期間，經常應邀到各大學做過許多場的佛學講座，並舉辦佛學課程充實的「大專佛學夏令營」。法師希望能藉此開拓學佛青年的視野，使其了解到要深入佛法或發揚佛教，須先重視佛教教育及佛學學術研究。

法師所著近六十本的佛學及禪學著作，曾影響並扭轉當代許多知識分子認為信仰佛教就是迷信的傳統看法，並進而學習佛法及參禪。而其著作中的八本英文禪學著作，也接引許多異國人士了解中國禪宗的思想及修行法門。

聖嚴法師不僅在學術領域上，引導臺灣佛教界能從佛教歷史、經論及近代佛學研究作品中，了解佛陀的本懷及認識真正的佛法。他也在臺灣、美國、英國等地，迄一九九六年為止，主持了近一百三十期的禪七，並在法鼓山舉辦了十屆的「社會菁英禪修營」，指導許多中外人士進入禪宗修行的領域。法師在佛教教理及修行實證兩方面均能兼顧並加以弘揚，使信眾能走向「教證合一」的理想境界，他認為唯有教證兼弘，佛教才能真正地發揚光大及源遠流長。

一九五六年，中華佛教文化館發起每年一次冬令救濟活動。一九七八年聖嚴法師晉任該館館長後，繼續擴大辦理，救濟更多的貧苦人士。透過冬令慰問的救濟活動，聖嚴法師以佛法開示及佛書結緣，令受濟者在物質及精神雙方面，均能蒙受利益及法益。法師並經常將十方檀越善心布施的財物，捐贈給榮民總醫院惠眾基金會、啟智團體、養老院、育幼院、聾啞福利協進會、流浪動物之家、野鳥協會、臺北木柵動物園建野生鳥類復健鳥籠等二十餘所慈善公益團體。

聖嚴法師多年來在佛教教育文化及社會慈善救濟的表現，已受到政府當局與社會大眾的肯定及讚揚，並於一九九〇年榮獲內政部頒發「好人好事八德獎」、一九九二年臺北市政府頒發「市民榮譽紀念章」、一九九三年吳尊賢基金會頒發「吳尊賢愛心獎」及傑出社會運動領袖獎、一九九五年獲社會教育有功貢獻獎、一九九六年獲頒中國傑人獎。內政部及臺北市等也經常頒給感謝狀讚揚法師的善行義舉。

導正佛法，建設淨土

在多元化的社會下，佛教也出現多元且新的狀態，此時有能力、有抱負、且具號召力的法師或居士均可發揮其影響力，而形成新興的佛教團體。表面上，這些新興團體號召許多人對佛教產生信心甚至成為佛教徒。但是在多元化的發展之下，由於彼此的觀念不同，極易產生教內衝突矛盾及教義混淆不清，並使廣大的佛教徒產生迷惘。

聖嚴法師以年近不惑之身，遠赴日本留學，目的就是要從日本百餘年來，對佛教歷史、經論等的豐碩研究成果中，吸取經驗並學習其成就，能夠對衰微已久的中國佛教有振衰起敝之作用。法師以慈悲的宗教胸懷與紮實的學術素養結合，希望能引導大家從基本的佛教理念去尋找源頭，也是回歸佛陀化世的本懷。

今日世界的政治紛爭、戰亂頻仍、生態嚴重破壞都是因為人類自己的行為，造成危害人類本身未來生存的危機產生，而人的行為乃源於人心，而佛教最重視就是人心問題的探究和解決。若是能透過教育以佛法來教化每個人的心，也就是解決一切問題源頭。

為將佛陀教法落實在人間，為使我們這個時代社會，因正信的佛教而帶來光明幸福。聖嚴法師提出「提昇人的品質，建設人間淨土」的理念，而達成這個理念的方法是「推動全面教育，落實整體關懷」。法師認為佛教教育是發揚佛法的必要先決條件，而今日佛教教育更需要具備系統化、全面化及層次分明的教育機構，才能符合現在及未來時代發展的需要。

自一九八九年起，聖嚴法師與認同法師理念的護持居士們，選定臺北縣金山鄉面對北方海洋的山坡地約六十甲，定名為「法鼓山」。希望以此地做為推動全面佛教教育的根據地，以便達成「提昇人的品質，建設人間淨土」的理念。

法鼓山的建設共分為三期：

第一期工程是中華佛學研究所的遷建工程，中華佛學研究所在今日佛教教育發展上占有重要的地位，乃是有目共睹的事實。它兼具發揚中華文化，推動中國佛學研究，培養佛教學術研究暨弘法人才功能和目標。第二期中程目標是法鼓人文社會學院的建校工程。第三期遠程目標是世界佛教文教及修行中心。

「法鼓山」的建設計畫，是聖嚴法師以整個世界佛教為己任的遠圖之基礎，「法鼓山」建設計畫之推動仍有待十方的檀越大德，能發「捨無量心」，共襄歷史的盛業。

聖嚴法師希望促成「世界一家」的佛教早日完成，也就是世界上所有的佛教徒能夠不分宗派、不分區域、不分種族共同融匯為一種「正知正見」的世界佛教。他也寄望於「法鼓山」能帶動臺灣的佛教界，乃至全世界的佛教，走上佛教現代化之路。法鼓山將以佛教教育帶動社會文化的提昇，經由文化的提昇來改變眾生心靈，以達成人間淨土之推廣實現。

一代宗師，為法盡瘁

聖嚴法師一生致力於弘揚人間佛教，推動全面佛教教育，盡心盡力地推行正信佛法於世界各地。長久以來法師心中一直覺得遺憾的是：「佛法這麼好，知道的人卻那麼地少。」

法師希望讓更多的人認識佛法，而這個希望需要更多的弘法人才一起推動。然而弘法人才的培育，需要完善的佛教教育制度與環境。環視當時國內對佛教教育的漠視，法師深切體認到「今天不辦教育，佛教沒有明天」，因此為提昇國內佛教教育水準及培養弘法人才，他發願以其瘦弱的身軀及畢生之生命來努力完成之。

聖嚴法師於一九六九年束裝遠赴日本留學，學成之後即奔波於臺、美兩地巡迴演講佛法、指導禪修，並創立「中華佛學研究所」培養更多佛教人才。這一切的努力辛勞，都是為了把「這麼好的佛法」，弘揚到世界每個角落，屆時我們的世界也將成為真正的人間淨土。

聖嚴法師的努力漸獲社會大眾的肯定及景仰，尤其佛教四眾之敬愛，他的學術成就固是一端，而最大的因素，則是他能依照佛律，重新剃度，正式受戒，洗卻舊容，堅持佛戒的所致。

聖嚴法師是出入僧俗一面光潔的明鏡，一位光明磊落的比丘僧，一位將在歷史舞台占有重要地位的宗教家，而他獻身推動國內佛教教育百年大業，也將為中國佛教寫下歷史的新頁。

這位謙誠而深具智慧的一代宗師，為弘揚佛法已奉獻其全部身命而沒有個人的事業。曾有一位美籍神父，見到簡陋的美國東初禪寺時問聖嚴法師：「如此清苦，目的何在？」法師的回答是：「不為什麼，只為使需要佛法的人，獲得佛法的利益。」

聖嚴法師如今雖已受到國內外廣大信佛學佛人士的尊敬，而認同他所推行「提昇人的品質，建設人間淨土」理念的人士，也愈來愈多，但他經常謙稱：「我什麼也沒有做，所有的奉獻，都不是我的，我只是一根輸血的導管，把志願捐血者的血液，經過導管，輸給需要血液救命的人。」

聖嚴法師也常對弟子們說，他是一個普通人，只是因為發覺佛法對自己是如此地有用，想必對人類社會也能產生作用，所以努力修學佛法及弘揚佛法。由於跟隨及護持的僧俗弟子漸漸多了，大家廣為宣傳及讚揚，才將他襯托成為一位高僧。但是法鼓山的形象及其對於社會的貢獻，應歸功於每一位熱心參與及認同關懷的大眾。法師為報答佛教的深恩及感謝大眾的護持，將會夙夜匪懈，為法獻身，盡勞盡瘁。

（本文為陳慧劍居士定稿於一九九〇年九月一日，一九九三年法鼓山文教基金會修訂部分內容，已取得原作者之同意）

附錄四
建設人間淨土的巨匠——聖嚴法師

法鼓文化編輯部

心靈環保，從心淨化

「法鼓山」的創建可說是聖嚴法師一生悲願之所成，法師強調，法鼓山不但屬於整體佛教，也是屬於全民教育的一個地方，它不是一座或是幾座寺院，而是涵蓋學術、教育，以及提昇人品的修行中心，它不僅僅是臺灣及中國的，也是國際的；不但關注現在，也放眼未來。

聖嚴法師揭示了「提昇人的品質，建設人間淨土」為法鼓山理念，同時提出了「心靈環保」的運動，認為唯有從心靈的淨化，才能帶動行為的清淨，進而社會的淨化等。

至於如何提昇人品，法師強調，其實只要對人對己少一點得失心、少一點傲慢

一九九三年二月農禪寺傳授第一屆「在家菩薩戒」著重於掌握戒律的精神及發起無上菩提心

心、少一點自私心、多一分謙虛心、多一分關懷的心，就已體驗到了基礎的佛法。

而法師淺顯易懂、深入淺出的開示，以及言行身教，無一不是為了推廣將佛法落實於生活中，他強調：「生活就是修行，修行不離生活。」至於大眾的生活準則為何？除了推動「心靈環保」外，更提出以佛法的戒律做為佛弟子及社會大眾的生活準則。

一九九三年二月農禪寺傳授了第一屆「在家菩薩戒」。由於聖嚴法師所傳授的菩薩戒著重適應時代環境的變遷，尤其是菩薩精神的發揚，鼓勵人發起無上菩提心，內容是以〈四弘誓願〉及「三聚淨戒」為基礎，再以淨化身、口、意三業的十善法為原則，由於精神和內容簡要而豐富，非常切合現代人的觀念和生活方式，所以能廣為大眾所接受，每梯都有近千人參加。而在美國東初禪寺也舉辦過二屆的菩薩戒會，包括西方人士都歡喜求受菩薩戒，為人間社會帶來積極淨化的作用。

禮儀環保，淨化社會

聖嚴法師繼心靈環保後，於一九九四年推出「禮儀環保年」，為改善過往鋪張、浪費、喧嘩的習俗，提倡以簡約、隆重的佛化儀

聖嚴法師提倡以簡約隆重的佛化儀式推行禮儀環保，如佛化聯合祝壽，普受大眾肯定。

式，例如舉辦了佛化婚禮、佛化聯合祝壽、佛化聯合奠祭等三項，期望帶動社會簡化不必要的繁複儀式，而能從內涵和本質去發揮。

而這項禮儀環保的運動推出以後，很快便得到社會大眾的接受，更獲得政府單位的肯定，並進而聯合舉辦，共同推動禮儀環保的觀念。

例如與臺北市政府合辦的佛化聯合奠祭，固定每季舉行一次，透過儉約、隆重的公祭儀式，多年來已逐漸地改變了過往繁複、浪費的喪葬儀式。而佛化聯合祝壽更推廣到全省各地，在每年的重陽節期間，各地都將近有近千人與會。而佛化婚禮也和臺北市政府合辦，將舉辦場地搬到市府中庭廣場。由於普遍受到社會大眾的肯定，這三項活動目前都仍每年定期舉辦中。

除了心靈環保、禮儀環保後，聖嚴法師又加上了「生活環保、自然環保」，而總稱為「四環」運動。而繼四環運動後，有鑑於社會人心的浮動和不安定，聖嚴法師又於一九九五年提出了「安心、安身、安家、安業」的四安運動，希望每個人首先從自己的心靈、行為、家庭、事業等方面安頓好，建立好基石，才能擴及到社會。

人間淨土，處處可現

儘管有人對於當今社會的各種亂象和顛倒現象感到悲觀，但是，聖嚴法師卻以無比的信心和願力，認為「人間淨土」是可以實現的理念；他強調，建設人間淨土的理念，不是要把信仰中的佛國淨土，搬到地球上來，而是用佛法的觀念淨化人心，用佛教徒的生活芳範淨化社會，通過思想的淨化、生活的淨化、心靈的淨化，以聚沙成塔、滴水穿石的逐步努力，來完成社會環境的淨化和自然環境的淨化。

而為了發揚人間淨土的理念，並落實佛教淨土思想的真精神，聖嚴法師定一九九七年為法鼓山的「人間淨土年」，舉辦各種活動推廣理念，聖嚴法師更不遺餘力地到處弘講，特別在臺北所舉辦的第三屆中華國際佛學會議上，便是以「人間淨土與現代社會」為大會主題，邀請來自三十多個國家的一百多位學者，集思廣益地提出相關的論文。

國際腳步，永不止息

除了在國內的弘法活動外，聖嚴法師在國際上的弘法腳步也不斷向前走。近十年來，為了將漢傳佛教傳入國際，聖嚴法師除了在美國的東初禪寺傳授中國禪法外，並經常應邀至美國各大學演講。另外，也常常受邀到歐、美、亞洲指導禪修活動，所到之國計有：英國、香港、菲律賓、日本、波蘭、克羅埃西亞、義大利、捷克、南斯拉夫等國。

而在一九九八年五月與西藏政教領袖、諾貝爾和平獎得主達賴喇嘛進行一場跨世紀的「漢藏佛教大對談」，在這場深受世界矚目的漢藏對談會中，聖嚴法師首次在國際媒體的焦點下，向西方社會介紹了漢傳佛教，尤其是中國的禪法，讓一向以藏傳佛教和日本禪為主流的西方社會，也認識了漢傳佛教。

同年，法師又應邀前往實行社會主義的俄羅斯主持禪修活動。之後，又隨即到中國北京參加「佛教與東方文化——紀念佛教傳入中國二千年」學術研討會，可說都是聖嚴法師不斷地將佛法傳揚至國際上，並且不斷地促進各宗教、各宗派的交流。

一九九八年五月聖嚴法師與達賴喇嘛進行一場跨世紀的「漢藏佛教大對談」，將漢傳佛教推上國際舞台。

在一九九九年，聖嚴法師在國際舞台上的腳步更加快速，四月應新加坡總理吳作棟夫人之邀前往弘法，在當地深受歡迎，掀起了當地佛教的盛況，而之後又首次前往德國主持禪修活動。

一九九九年，聖嚴法師屆滿七十歲，這一年也是法鼓山開創滿十週年，回顧這十年來，法鼓山一直在穩定中成長，儘管大環境不斷地變化，但是聖嚴法師帶領著僧俗四眾，秉持法鼓山的理念，持續地為推動人心和社會的淨化工作而努力；並將這一年定為「祝福平安年」，提倡在人際之間若有一顆祝福平安的心，那麼，社會就能多一分的平安、祥和。

多年來，聖嚴法師領導著法鼓山，為社會和人間注入一股新的思潮，尤其所推動的各項淨化人心、淨化社會的觀念和運動，不但備受肯定，更是對社會思想具有啟蒙作用。因此在一九九八年一月，為國內知名的《天下》雜誌遴選為近四百年來，對臺灣具有影響力的五十位人物之一。被喻為「心靈領航員」的聖嚴法師被列為具有前瞻性觀念的啟蒙人物。隔年元月，法師更榮獲首屆的國家公益獎。

建設工程，正式展開

雖然自一九八九年以來，在工程開發過程中，碰到了許多主客觀的困難，而推展得很慢，但是，聖嚴法師卻以無比的信心和願力，帶領著法鼓山的信眾同心同願地一起推廣法鼓山的理念，法師曾經一再向全體大眾開示，法鼓山所代表的不僅僅是硬體的建築，更重要的是法鼓山的理念——「提昇人的品質，建設人間淨土」。

在等待了八年後，一九九八年五月正式取得了建築執照。由於這項好消息的發布，正好是在該年三月所舉辦的「我為你祝福——新世紀共修共願祈福法會」之

聖嚴法師以無比的信心和願力，帶著法鼓山的信眾同心同願一起推廣法鼓山的理念，弘揚佛教真義，建設人間淨土。

後，活動中號召了海內外人士共同持誦千萬遍的〈大悲咒〉，因此大家都相信這是觀世音菩薩的感應，至此法鼓山的工程建設正式進入另一個階段，第一期工程將於二○○一年完工。

附錄五

我與俗家親人——有情與無情

有關我的俗家，已於《歸程》、《法源血源》、《步步蓮華》三書中，有所敘述。

我在中國大陸的舊日俗眷，到一九八八年初次回鄉時，尚見到大哥張志遠、二哥張志明、三哥張志道等三對夫婦，以及大姊夫黃瑞琛、二位外甥女。其餘有姪兒女及孫姪兒女乃至曾孫姪兒女五、六十人，都是初次相會。在這之前我寄了一筆錢，託大姪兒張裕生帶我把祖父母及父母的遺骨，重新塋葬，並召集我家這族的全體親人，乃至左右鄰居，在老家團聚兩日，同向先父母的在天之靈告慰說我尚健在人間，成為鄉間的一樁喜事。從此他們便日盼夜盼我早日回鄉。

此後我於每年的春秋節期前後，都會由美國匯一點錢給三位胞兄及一位姊夫，是我的信眾拿錢給我，指定匯給他們，以表示感謝我們張姓的一家，出生了我這樣的人。

但到一九九六年第二度返鄉時，三哥及大姊夫已經物化，他們的子女之中，有人向我要求，繼續按期匯款，我只答允接濟支援到我的同輩親人為止，也包括兄嫂姊夫在內，至於下一代，由於人數太多，我是出了家的僧人，沒有私產，就無法兼顧了。縱然最初寫信給我的大姪兒張裕生關係最親，我也助他申請來美國住了數月，但他既未住於寺院，也未向我要錢，雖希望我為他介紹做生意的伙伴，卻因語言不通，緣不具足，接觸了幾人均未成功。其他幾位姪兒女給我寫了一陣子信，見我幫不上他們的忙，漸漸也就冷淡了，唯有大姊的么兒黃成佳，在南通狼山服務，一年之中，還會向我以書信問安一、兩次。

對於我下一代的俗眷而言，他們原先是抱有若干期望的，結果是落了空，假如我是俗人也有私產，我是應該要與俗眷分享一些的，因為他們都是我同一血脈的近親骨肉呀！但我是僧侶，總不能拿了十方信施供養三寶的公款，去眷顧俗家，那是錯因果的，也是違背戒律的，只好請他們體諒我這個有情眾生的無情人了。

到今年（西元二〇〇〇年）春天，聽說三嫂王蘭英於改嫁數年後也過世了，我便積極地設法，希望了卻一個心願，那就是把大哥、二哥這兩對夫婦，迎接到臺灣住幾天。他們都已是八、九十歲上下的人了，為了安全，我將這個任務委請方甯書居士及其子方立宇，代我辦理手續，代我到大陸迎送，結果由於大哥早年入贅黃家，改名為黃進德，已找不到他的原始戶籍資料，無法證明他是我的胞兄張志遠，所以大陸地方政府不予批准。能夠如願赴臺的，僅有二哥及二嫂，使我不免感到遺憾！

二人在臺灣逗留兩週，看遍從北到南的法鼓山道場，受到我僧俗弟子們的接待。他們夫婦沒有向我提出任何要求，倒是對我不斷地讚美和感謝，也能體諒我的行程太忙，加上體弱多病，所以我雖只有兩天在北投及金山陪伴他們，已經讓他們非常滿足了！

我對我的俗家親人，除此之外，就沒有再做什麼了。有情與無情、俗情與親誼之間，要拿捏得恰到好處，真的很不容易！

記得第一次回鄉，我就奉勸大群的俗眷們信佛學佛，真正有興趣的，只有身為共產黨員的二哥，這回他們夫婦訪臺，唯一向我要求的是正式皈依三寶，因此參加了我在農禪寺的大型皈依典禮，我只告訴大眾說，特從大陸來訪的俗家兄嫂，也在現場接受皈依，為了避免驚擾，並未特別介紹。他們是悄悄地來了！又悄悄地走了！

今天整理來往函件，發現有幾十封是來自俗家的親人，所以寫下這篇述懷的短文。

（二〇〇〇年十二月七日於美國紐約東初禪寺）

寰遊自傳 01

歸程

The Journey Home

著者	聖嚴法師
出版	法鼓文化
總審訂	釋果毅
總監	釋果賢
總編輯	陳重光
編輯	張翠娟、李書儀
封面設計	邱淑芳
內頁美編	胡琡珮
地址	臺北市北投區公館路186號5樓
電話	(02)2893-4646
傳真	(02)2896-0731
網址	http://www.ddc.com.tw
E-mail	market@ddc.com.tw
讀者服務專線	(02)2896-1600
初版一刷	1993年11月
四版三刷	2023年5月
建議售價	新臺幣280元
郵撥帳號	50013371
戶名	財團法人法鼓山文教基金會—法鼓文化
北美經銷處	紐約東初禪寺 Chan Meditation Center (New York, USA) Tel: (718)592-6593 E-mail:chancenter@gmail.com

法鼓文化

國家圖書館出版品預行編目資料

歸程 / 聖嚴法師著. -- 四版. -- 臺北市：法鼓文化, 2020. 04
面； 公分
ISBN 978-957-598-827-2 (平裝)

1.釋聖嚴 2.佛教傳記

229.386 108012054